Karl Stettler

Wernher Stettler und das Kloster zu Frauenkappelen

Eine historische Novelle

Karl Stettler

Wernher Stettler und das Kloster zu Frauenkappelen
Eine historische Novelle

ISBN/EAN: 9783743470552

Hergestellt in Europa, USA, Kanada, Australien, Japan

Cover: Foto ©ninafisch / pixelio.de

Weitere Bücher finden Sie auf **www.hansebooks.com**

Wernher Stettler
und das
Kloster zu Frauenkappelen

Eine historische Novelle
von
Karl Stettler,
Prediger am Burgerspital in Bern

> Motto: Frage die vorigen Geschlechter und nimm dir vor, was ihre Väter forschten. Sie werden dich's lehren und dir sagen, denn wir sind von gestern her und wissen nichts . . . . .
> Hiob 8, 8—10.

Bern
Druck und Verlag von K. J. Wyß
1898

Vorrede.

Eine historische Novelle geht hier in die Welt hinaus. Es ist kein Liebesroman, wie sie das große Publikum liebt, wo Zwei einander brünstig minnen und trotz mannigfacher Hindernisse sich am Ende doch kriegen, und bei allem sittlichen Ernst doch auch kein christlicher Roman, der eine specifisch geistliche Tendenz verfolgte, sondern einfach eine mit einiger Phantasie zu einem konkreten Lebensbilde zusammengestellte und, wo es nötig schien, künstlich ausgefüllte Reihe von urkundlich beglaubigten Thatsachen aus der bernischen Kirchengeschichte. Die Absicht, die den Verfasser hiebei leitete, war erstlich, die bernischen Klosterurkunden, die sein sel. Vater Friedrich Stettler, gew. Oberlehenskommissär und Professor in Bern, auf dem alten Lehensarchiv mit vielem Fleiß durchforscht und für den Druck excerpiert hatte (bald nach seinem Tode herausgegeben von seinem Freunde, dem Geschichtsforscher Theodor Mohr in Chur, im Mai 1849), wenigstens zu einem Teil einem weitern Leserkreis zugänglicher und dafür auch genießbar zu machen. Ferner lag ihm daran, den in vielen Urkunden aus der II. Hälfte des 14. Jahrhunderts genannten Priester und Juristen Wernher Stettler von Bern, von dem es sich fast von selber ergab, daß er in den Mittelpunkt der vorliegenden Novelle gestellt wurde, dem heutigen Geschlecht, das ihn über dem berühmtern Leutpriester Diebold Baselwind fast ganz vergessen hat, als einen um das Wohl seines engern Vaterlandes in mancher Hinsicht verdienten Mann vorzuführen und damit auch einigermaßen eine noch der gegenwärtigen Generation aufliegende Dank= und Ehrenschuld abzutragen; denn noch heute genießen wir in kirchlichen und gemeinnützigen Instituten und Fonds die reichen Dotationen jenes alten Kirchherrn.

Derselbe hat nämlich in seiner letztwilligen Verfügung über sein bedeutendes, aus mehreren liegenden Gütern und auffallend vielem Silbergeschirr, Hausgeräte und Wäsche bestehendes Vermögen außer seinen Verwandten auch das Prediger=Kloster und dasjenige zu Frauenkappelen bedacht und durch seine Haupterbin, die Klosterschwester Agnes von Seedorf, sind später noch andere geistliche Stiftungen beschenkt worden. Einen abschriftlichen Auszug aus diesem Testament vom Jahr 1380, mitgeteilt von Dr. G. Studer im Archiv des historischen Vereins des Kantons Bern,

Band VII, besitzt das Archiv unseres Inselspitals, in welchem alle auf das ehemalige Inselkloster St. Michael, den Seilerinspital und die verschiedenen Schwesternhäuser bezüglichen Urkunden gesammelt sind. Wie kam aber der alte Kirchherr Wernher zu dem darinnen aufgezählten reichhaltigen und kostbaren Mobiliar? Das wird in der folgenden Erzählung einigermaßen zu erklären versucht.

Bei dem in unserer Zeit mächtig erwachten historischen Sinn und Interesse hoffen wir auf eine günstige Beurteilung dieses Büchleins, das wie zur allseitigen Kenntnis, so auch zur gerechten Würdigung einer längst entschwundenen Periode in unserer vaterländischen Geschichte etwas beitragen möchte. Möge es freundlich aufgenommen werden und recht viele aufmerksame Leser und Leserinnen finden, besonders im hiesigen Burgerspital, dessen leselustigen Bewohnern es der Verfasser als Weihnachtsgabe darbringt, und möge es vor allem zur Ehre Gottes dienen, durch dessen Hülfe und Segen allein es entstanden ist!

Bern, den 19. Wintermonat 1897.

Karl Stettler,
Prediger am Burgerspital.

Kapitel I.

Das Frauenkloster zu Kappelen im Forst.

Das Klosterkirchlein, es schien zu träumen
Im Schatten von grünen Lindenbäumen;
Im Garten bei duftiger Blumen Fülle,
In Hof und Halle herrscht Märchenstille.
Nur forther lockt aus dichtem Laube
Gedämpftes Rufen der wilden Taube,
Und hoch ob den Mauern der alten Abtei
Schwebt einsam kreisend im Blauen ein Weih'.

J. Howald.

Fünf Viertelstunden westlich von Bern, außerhalb der Ortschaft Betlehem, wo die das fruchtbare Gefilde zu beiden Seiten einsäumenden Waldungen immer mehr zurücktreten, um dem Wanderer eine weitere Aussicht zu gestalten, durchschneidet eine tiefe und breite Schlucht die von Bern nach Murten führende Landstraße. In derselben fließt der Gäbelbach in nordöstlicher Richtung der nahen Aare zu. Steiler als jetzt stieg früher die Straße geradenwegs in das

Bachthal hinunter und auf dessen linkem Ufer wieder empor, um, unter den Häusern von Niederen sich hinziehend, die Höhe des Bergrückens zu gewinnen, auf welchem das freundliche Dörfchen Frauenkappelen thront.

Es war im Jahr 1370, da ritten zwei Männer schweigsam diese mit Wald gekrönte Anhöhe hinauf: Der vordere in langem, schwarzem Gewande sich als vornehmerer, geistlicher Herr verratend, der andere mit seiner einfachen Tracht und seinem plumpen Benehmen als dessen Diener.

„Es ist doch merkwürdig, was da um Bern herum für gräuliche Stütze (steile Straßensteigungen) sind", ergriff der Herr das Wort, „man reitet da wahrlich nicht viel besser, als unten im Lande und in unsern Wynigerbergen, wo die Bauern alles machen und bezahlen müssen, und hier sind es ja Straßen, die von den mächtigen und fürnehmen Herren in der Stadt unterhalten werden". „Ihr habt recht, ehrwürdiger Herr", erwiderte der Diener näher heranreitend, „und mich verwundert darum, daß Ihr so viel da hinaufreiten und mit den Betschwestern im Kloster verkehren mögt."

„Was geht das dich an, einfältiger Hans?" fuhr nun der Priester fort, „hast du denn vergessen, daß dein Herr als Priester und Jurist zum Pfleger dieses Klosters ernannt worden ist? Als solchem liegt mir ob, diese frommen Klosterfrauen, die von habsüchtigen Menschen fort und fort geplagt und übervorteilt werden, zu schützen. Jetzt hat sogar ein Burger von Bern sich nicht entblödet, dem armen Gotteshaus einen Prozeß anzuhängen. Doch, wie gesagt, darein brauchst du dich nicht zu mischen."

„Mir kann das allerdings gleich sein", raisonnierte der Knecht weiter, „wenn mir diese Nonnen nur bessern Wein aufstellten und unsere Pferde mehr Haber bekämen! So arm ist doch dieses Klösterlein nicht, allein sie werden da auch nach dem Grundsatz leben: Selber essen macht feiß!"

Die letzten Worte murmelte er nur in seinen Bart, und so fand sich sein Meister nicht zu weitern Bemerkungen veranlaßt. Die beiden Reiter hatten unterdessen den Bergrücken erstiegen. Rechts unten zeigte sich mit einem Male das Aarethal, aus welchem die Kirche von Wohlen am andern Ufer freundlich herüberwinkte und hinter diesem Dorfe zogen sich die mit stattlichen, fleißig bebauten Höfen bedeckten Abhänge der Frienisbergerhöhe hin. Unser geistlicher Herr konnte nicht umhin, von der Pracht der weithin sich öffnenden und im Glanz eines klaren Frühlingshimmels erstrahlenden Landschaft entzückt, hier einige Minuten stille zu halten, und sprach dann halblaut vor sich hin: „Herrliches, glückliches Land, außer den Reizen der Natur und der Fruchtbarkeit deines schweren Bodens noch reich gesegnet mit mancherlei Gotteshäusern! Nicht weniger zahlreich als deine Parochialkirchen sind die Klöster und Stifte! Dort rechts geht der Weg nach Kirchlindach und weiter nach Buchsee, wo das stattliche Männerhaus der Johanniter sich erhebt; hier gegen Abend zieht sich die Straße über Meykirch auf die Höhe des langen Waldes, auf dessen anderer Seite das weitläufige Cistercienserkloster von Frienisberg weithin das Land beherrscht. Noch weiter gegen Westen, wo der Berg gegen Oltingen an der Aare abfällt, wohnen die Nonnen von Tedlingen, und von dem an ihr Kloster anstoßenden Frieswylhubel übersicht man die große Ebene an den Seen bis zum blauen Leberberg. Dort stehen die Priorate Münchenwyler südlich von Murten und das der Cluniacenser auf der Insel mitten im See; diesem gegenüber nicht weit von dem Städtchen Erlach die Benediktiner=Abtei St. Johann und eine Stunde unterhalb des Bielersees das Prämonstratenser= Stift von Gottstatt. Dort, wenige Minuten von uns, ist schon das Gotteshaus unserer Lieben Frau zu Kappelen sichtbar, und wenn ich mich umwende, so sehe ich hinter Bümpliz den dichtbewaldeten Königsberg aufragen, der uns das Dorf Köniz mit dem Schloß der deutschen Ritter verdeckt, wohin die Stadt lange kirchengenössig war, und noch weiter hinten zieht sich der langgestreckte Bergrücken hin, dessen südliche Seite vom Cluniacenser-Kloster Rüeggisberg gekrönt ist. Noch südlicher am Fuße des Stockhorns gegen den Thunersee zu ist Amsoldingen mit seinem Chorherren-Stift gelegen. Nun erst in meiner lieben Vaterstadt, wenn sie schon nicht viele Tausende von Einwohnern zählt, haben neben der Leutkirche die Barfüßer- und die Prediger-Mönche ihre bedeutenden Klöster; da ist ferner das St. Michael-Inselkloster, das Kloster und das Spital zum heil. Geist vor dem obern Thor und andere Kranken- und Schwesternhäuser mehr. Fürwahr ein herrlicher Kranz von geweihten Stätten, von welchem viel Segen weithin ins Land ausgeht, und noch habe ich nicht einmal alle Klöster und geistlichen Stiftungen gezählt, die unter die Schirmherrschaft von Bern gekommen sind! In den Emmenthaler- und den Oberländerbergen oben sind deren auch noch bis ins Simmenthal und ins Weißland hinauf.

Es ist doch ein wackeres, frommes Christenvolk, das alle diese Stiftungen, die in seiner Mitte, zum Teil schon vor mehreren Jahrhunderten, errichtet worden sind, treulich in Ehren hält und fortwährend begabt!"

Der Knecht, dem diese Betrachtungen seines Herrn so nahe am Ziele unerklärlich, gar lang vorkamen, hatte unterdessen sein Pferd einige Sprünge machen lassen, und als nun auch dasjenige des Priesters ungeduldig zu scharren anfing, wurde dieser, dessen Blicke noch auf dem blendenden Alpenkranz im Süden hafteten, aus seinem Sinnen herausgerissen. Nach dem Knechte umschauend, rief er diesen an: „Was pressierst du so sehr, Hans? Wir kommen ja noch zeitig genug ins Kloster."

„Die Rosse merken die Nähe des Stalles und verlangen nach Haber", erhielt er von diesem zur Antwort. Lachend trieb der geistliche Herr endlich sein Pferd an, und in scharfem Trab ging es ebenen Weges der nahen Ortschaft zu. Im Dörfchen angekommen, schwenkten sie bald rechts ab und gelangten am Kirchlein vorbeireitend zur äußern Klosterpforte, die ihnen schnell geöffnet wurde. Während nun Hans die Pferde in den Stall führt und daselbst besorgt, und sein Herr, der Klosterpfleger, im engen Empfangszimmer des kleinen Klostergebäudes auf die Meisterin harrt, wollen wir an Hand der bernischen Kloster-Urkunden einen **Blick auf die frühere Geschichte dieses Klosters** werfen.

Die **Stiftungsurkunde** des Gotteshauses von Kappelen ist nicht mehr vorhanden. Wahrscheinlich ist es vor der Stadt Bern im Laufe des XII. Jahrhunderts gegründet worden, in welcher Zeit noch mehrere andere Klöster und Stifte bei dem damals durch die Kreuzzüge in der ganzen Christenheit neugeweckten religiösen Sinn errichtet worden sind, so das Augustinerkloster von Interlaken, das Männerhaus oder der Spital zu Münchenbuchsee u. a. m., und die Stifterin soll dem Hause von Rechberg angehört haben. Die älteste noch vorhandene Urkunde, nach welcher Burkhard von Ägerten dem Frauenkloster zu Kappelen das Gut zur Lauben beim Forst schenkt, stammt aus dem Jahr 1240.

In der nächstfolgenden Urkunde, datiert vom 2. Nov. 1257, verzichtet Ulrich von Jegenstorf, Ritter, nebst Hemma seiner Ehefrau und seinen zwei Töchtern Themuth und Elsbeth in die Hände Rudolfs, des Propsts der Kapelle (de capella) der heil. Maria im Forst, auf alle seine Ansprüche auf das Gut in Stuben. Später wird das Kloster unter dem Namen Haus und Konvent von Kappelen (de capellis, also eine Mehrheit von Kapellen) angeführt, und in einem Kaufbrief vom Jahr 1296 wird der käuferische Teil: „Die Meisterin und der Konvent der Schwestern zu Kappelen im Forst, St. Augustinerordens" genannt. Es stieg rasch in Ansehen und erhielt viele Vergabungen an Ländereien und Gültzinsen, mit denen

gewöhnlich die Stiftung einer sog. Jahrzeit, d. h. die
Verpflichtung verbunden wurde, zum Seelenheil der
Donatoren nach deren Tode alljährlich an einem
bestimmten Tag eine Seelenmesse zu lesen. Auch war
das Gotteshaus schon früh im stande, in der nähern
und weitern Umgebung Güter und Lehenrechte zu
kaufen. Es erhielt so Grundbesitz oder Zehnten in
der Ebersche (auch Eberoken genannt), Wohley, im
Dorf und der Dorfmarch zu Oya, Ober- und Nieder-
bottigen, Mühlenberg, Marfeldingen, Oltigen, Kerzers,
auch Obertettigen, Breitenried, bei dem Dorf Ogie (?)
das Gut genannt Hartlinsbomin, und an vielen andern
Orten. Einer der ältesten Donatoren war kein gerin-
gerer, als der nachmalige deutsche Kaiser und Ahn-
herr der Kaiser von Östreich, Rudolf, Graf zu Habsburg und Kyburg, Landgraf zu Elsaß. Er schenkte den
14. Januar 1270 zu Freiburg zum Heil seiner Seele,
aus Ehrerbietung vor der heil. Jungfrau Maria der
Kirche oder dem Kloster, dem Kapitel oder Konvent von Kappelen in Forst bei Bern die neuen Auf-
brüche um die Höhle in bemeldetem Forst samt dem
Zehnten und aller Rechtsame darauf und das Erdreich, Münsperg genannt. Anno 1338 bewog ein
ganz besonderer Umstand Ruf von Lindnach, Burger
von Bern, das Gut zu Herrenschwanden, eines zu
Heimenhausen und eines zu Steg-Lindach dem Kappelen-

Kloster als ein ewiges Almosen zu vergaben; sein gedingter Knecht Kratinger hatte sich ohne des Meisters Schuld leiblos gemacht und zur Stiftung eines ewigen Lichtes für dessen Seelenheil sollte diese Vergabung dienen.

Die Vermehrung des Kloster-Vermögens gab natürlich auch Anlaß zu öfteren Streitigkeiten, welche bald vom Rat in Bern und den Zweihundert, bald von besonders dazu ernannten Schiedsrichtern erledigt wurden. So wurde z. B. im Jahr 1310 eine zwischen Schultheiß, Rat, Zweihundert und der Gemeinde von Bern einer — und dem Propst, der Meisterin und dem Konvent der Klosterfrauen zu Kappelen andrerseits obgewaltete Streitigkeit, wegen einigen Erdreichs und einiger Äcker vor dem Forst gelegen, nach dem Rat ehrbarer Leute auf folgende Weise beigelegt: Dem Kloster gehört das Land vom neuen Graben an bis zum Forst, welches es seit zwanzig und mehr Jahren besitzt, der Stadt Bern dasjenige vom neuen Graben bis zum Brenigarten.

Mit dem bedeutenden Kloster von Interlaken, ebenfalls Augustiner-Ordens, scheint das unsrige engere Beziehungen unterhalten zu haben. Nicht nur versprechen in einer Urkunde vom 13. Dezember 1349 der Propst und das Kapitel zu Interlaken, von der von Heinrich Lempen sel., seiner Schwester Anna und A. empfangenen Vergabung sowohl dem Frauenkloster deutschen Ordens zu Bern, als auch dem Frauenkloster zu Kappelen, jedem jährlich auf Andreastag 5 Schilling zur Verbesserung ihres Tisches mit gutem Wein oder Fischen auszurichten, sondern aus einem Zinsversprechen von 3 ℔ des nämlichen Kapitels und seines Propstes Walther, d. d. 26. März 1355, geht auch hervor, daß das Gotteshaus von Interlaken von demjenigen von Kappelen damals 63 ℔ Pfennig auf Zins à 5 % erhalten hatte.

In einer vom Leutpriester Diebold zu Bern besiegelten Urkunde d. d. 31. August 1353 vergabte Peter von Krattigen, Burger von Bern, zu seinem, seiner Ehefrau, Kinder und Vorfahren Seelenheil dem Frauenkloster zu Kappelen sein Gut in der Dibi enet dem Forst und die Eigenschaft an einem Garten zu Bern in der äußern Neuenstadt zur Stiftung einer jährlich am Montag nach Georgientag zu feiernden Jahrzeit mit dem Vorbehalt, daß unterlassendenfalls die Vergabung den Dürftigen des niedern Spitals zu Bern zufallen solle.

Als Vorsteherinnen oder Meisterinnen des Klosters werden im Lauf des 14. Jahrhunderts genannt eine Agnes von Murten, a. 1319, Anna de Mont 1328, Clementia von Egerdon a. 1345 und in den folgenden Jahren, Agnes von Rümligen a. 1356,

Johanna von Kramburg a. 1361 und Elisabeth von Lindenau in den 70er Jahren.

Auch die Namen einiger Klosterfrauen kennen wir, unter Anderen Hanna, die Tochter Peters Hunnen, Burgers von Bern, Adelheid von Murzenden, Konrads Tochter, ferner Ita Schlegelin und Ellina von Mutzandv, die in einem Kaufbrief vom Jahr 1350 erwähnt werden, Johanna und Elisabeth von Bubenberg, Töchter Johanns von Bubenberg, des Ältern, Schultheißen von Bern, und noch andere, welche wir später Gelegenheit haben werden, kennen zu lernen. Es waren also auch vornehme Jungfrauen aus den angesehensten Geschlechtern der Stadt und des umliegenden Landes, welche hier den Schleier nahmen, um den Rest ihres Lebens in aller Stille und Beschaulichkeit ganz dem Herrn zu weihen. Wir dürfen wohl auch annehmen, daß die Ordensregel daselbst nicht allzustreng war, und den Klosterschwestern, wenn schon einige Entbehrungen in Bezug auf Kleidung und Nahrung und den gewöhnlichen Komfort des Lebens, doch keine übertriebenen Kasteiungen oder unausgesetzte geistliche Übungen zugemutet wurden. Solches widersprach auch damals dem herrschenden Volkscharakter.

Dem Konvent war wie auch in andern Klöstern für die kirchlichen und religiösen Angelegenheiten **ein Propst** vorgesetzt (præpositus), als welcher, wenig=

stens zu Zeiten, der Leutpriester zu Kappelen funktionieren mochte. Als dortiger Leutpriester kommt im Jahr 1317 ein Burkhart vor. In der gleichen Urkunde wird auch ein Magister Johannes von Kappelen genannt.

Zur Besorgung der finanziellen Interessen des Klosters und besonders zur Wahrung seiner Rechte bei den häufigen Gerichtshändeln wurde ein eigener Pfleger (curator) oder Klostervogt ernannt, der meistenteils dem geistlichen Stande angehörte. Ums Jahr 1322 funktionierte als solcher Heinrich von Kramburg, Domherr von Amsoldingen und später Kirchherr von Rüderswyhl. Seit mehreren Jahren bekleidete der Priester, der soeben mit seinem Knecht nach Kappelen geritten war, diese Würde; es war der Kirchherr von Wynigen, **Wernher Stettler,** auch der Jurist genannt. Seitdem sein Vater Johannes nach Bern gezogen war und daselbst das Burgerrecht erworben hatte, hatten diese Stettler, die sehr begütert waren, sich rasch die allgemeine Achtung erworben und sich mit den ersten Familien der Stadt befreundet und verschwägert. Einer der drei Brüder unseres Wernher, der ein Gut bei Krauchthal besaß, hatte dasselbe an einen von Bubenberg zu Lehen gegeben, und seine Schwester Margarita war an einen von Seedorf verheiratet. Er selber, der Kirchherr Wernher, wurde

vom kleinen Rate viel und oft zu Gerichtsverhand=
lungen und Stipulationen von Güterkäufen und =ver=
käufen beigezogen und mit dem Zutrauen angesehener
Männer und Frauen und auch geistlicher Würden=
träger beehrt.

Katharina von Possenach, so hieß die da=
malige Meisterin des Frauenklosters, beeilte sich, den
ihr angemeldeten und sehr willkommenen Pfleger
zu empfangen. Mit einem freundlichen Gruß trat
sie zu ihm ins Zimmer und den langen schwarzen
Schleier ein wenig zurückschlagend begann sie: „Schon
lange seid Ihr nicht mehr dagewesen, wohlerwürdiger
Herr Curator; habt Ihr euch etwa bei einem Spa=
zierritt im Bremgartenwald verirrt, daß wir heute
die Ehre haben, Euch in unserm Gotteshause zu
sehen?"

„So, so! geehrte Meisterin, Ihr traut mir wenig
Fleiß und geistlichen Eifer zu, daß Ihr meinet, ich
pflege schon am Morgen zu meinem bloßen Ver=
gnügen umherzuschweifen! Wichtige Angelegenheiten
bringen mich zu Euch." —

„Was wird's sein, doch nicht wieder ein Prozeß?"
fiel die Nonne ängstlich ein.

„Ihr sagt's, geehrte Frau! Das Kloster hat
einen bösen, zanksüchtigen Widersacher. Unser Mit=
burger, der Johannes Seiler . . . ."

„Der Steinmetz? der uns vor acht Jahren zu Batingen ein großes Stück Land wüst geleit (urkundlicher Ausdruck) und den dazu gehörenden Wald verderbt hat? Gott verzeih es ihm!"

„Derselbe!"

„Was hat denn der gegen uns zu klagen? Im letzten Herbst hat er uns eine Schuppose zu Nieder-Bottigen, die er von Johannes Schüzo und Joh. v. Büren zu Lehen hatte, verkauft und im Gericht vor vornehmen Zeugen, — es waren, wenn mir recht ist, die Herren Peter von Krauchthal und Johannes des Rintz, Schulmeister zu Bern, und der gnädige Schultheiß Ulrich von Bubenberg hat sein Siegel daran gehängt — vor denen entzog er sich alles seines Rechts an dem Landstück, und wir bezahlten ihm, was er verlangt hat, 108 Pfund Bernwährung; das ist doch eine schöne Summe. Was ist ihm jetzt nicht recht? Will er uns das bestreiten? Wir werden ihm die aufgesetzte Schrift unter die Augen halten."

„Der Seiler hat bei den Ratsherren Klage erhoben, die für sein Grundstück ausbedungene Kaufsumme sei ihm nicht vollständig ausbezahlt worden, es fehlten noch 10 Pfund daran, und die betreffende Klosterfrau — ich erinnere mich nicht mehr genau an ihren Namen — verweigere beharrlich, das vollends zu berichtigen."

„Es sind die werten Schwestern Elisabeth von Lindau, Anna und Adelheid Rüschlin, welche die fragliche Kaufsumme bezahlt haben", ergänzte die Meisterin, „und wir haben ihnen darum auch einstimmig zugestanden, daß sie die ausschließliche Benützung des Gutes, von dem verschiedene Zehnten entrichtet werden, zu genießen haben sollen; nach ihrem Absterben soll aber die Schuppose dem Kloster zufallen. Diese drei Schwestern sind ja anwesend und können nun selber bezeugen, ob sie Alles bezahlt haben oder nicht."

„Ich sollte allerdings von dem Hergang bei diesem Kaufhandel genau unterrichtet sein, denn wenn derselbe vor unsern Rat gezogen wird, so werde ich als Pfleger das Kloster zu vertreten haben, und es ist mir, wie ihr wohl wißt, immer daran gelegen, daß die geistlichen Schwestern zu ihrem Recht kommen. Jetzt erinnere ich mich, es ist nur die Elisabeth von Lindau, die noch einige Pfund an die Kaufsumme schulden soll. Wenn Ihr, würdige Meisterin, diese herbescheiden wolltet! . . . ."

„Sogleich, Herr Kurator!" Mit diesen Worten verschwand die dienstfertige Schwester, um bald mit einer schlankgewachsenen Nonne von munterem Aussehen ins Empfangzimmer zurückzukehren. „Da ist die beklagte Schwester Elisabeth!" so stellte sie nun

die Neueintretende vor; „sie wird Euch, wohlehr=
würdiger Herr, getreulich alles berichten, was sie in
Sachen des streitigen Verkaufs gethan oder auch nicht
gethan hat."

„Fromme Schwester", redete nun Herr Wernher
die tief knixende Klosterfrau an, „es wird Euch von
Eurer würdigen Meisterin bereits mitgeteilt worden
sein, um was es sich handelt; wie Ihr vom Maurer
Seiler angeklagt worden, daß Ihr ihm an einem
von ihm gekauften Grundstück zehn Pfund schuldig
geblieben seid und Euch immer weigert, dieselben
auszubezahlen. Erzählet mir nun ganz genau, so
daß Ihr immer dabei bestehen könnt, wie es sich
damit verhält! so werde ich Euch später vor dem
Gericht tapfer verteidigen, denn ich zweifle nicht im
mindesten, daß die Anklage auf bösem Willen beruht,
und daß Ihr euch richtig benommen habt. Erzählt nur
ganz ohne Furcht und Sorgen, werteste Schwester!"

„Es freut mich ungemein, vor dem gnädigen
Kurator unsers Klosters zu stehen", begann die züch=
tige Klosterfrau in leisem, sanftem Ton und die Blicke
zum Boden gesenkt, „und vor einem so wackern, für=
sichtigen und christlichen Herrn und Priester unseres
hochgelobten Erlösers will ich ja ohne Bedenken er=
zählen, was in der bewußten Angelegenheit vorge=
fallen ist. Der Maurer Johann Seiler hat also im

verflossenen Herbst unserm Kloster eine Schuppose im nahen Nieder-Bottigen, die er von vornehmen Herren zu Lehen gehabt, um 108 Pfund verkauft, nachdem er und seine wackere Ehefrau Katharina schon früher und noch billiger Landstücke ebendaselbst zu unsern Gunsten entäußert hatten. Sie haben ja keine Kinder, und Seiler scheint die vor wenigen Jahren an unserm Kloster verübten Frevel bei vorgerücktem Alter doch ein wenig zu bereuen. Ich war mit den Schwestern Rüschlin einig geworden, die hohe Kaufsumme von 108 Pfund Bernwährung aus unserm Vermögen zu erlegen. Besagter Seiler, den wir zu uns ins Kloster beschickt hatten, saß an diesem Tische da, der große, dicke Mann, und leerte von unserm Erlacherwein, den wir ihm aufgestellt hatten, ein Glas nach dem andern. Anna und Adelheid Rüschlin hatten bereits ihren Teil bezahlt, und ich war gerade daran, ihm mein Betreffnis in barer Münze auf den Tisch zu legen, da erlaubte sich der grobe Steinmetz einige unanständige Späße, wie sie züchtiger Schwestern Ohren und Herzen tief verletzen, und als ich ihn deshalb sanft, aber ernst zurechtgewiesen, beschimpfte der gottlose Mensch noch unsern ehrwürdigen Konvent. Ich sagte ihm hierauf gerade heraus, daß er sich mit solchen Reden schwer versündigt und eine Kirchenbuße verdient habe. Da zog er bald ein und erklärte sich bereit, die an der

Kaufsumme noch fehlenden 10 Pfund dem Kloster zu schenken, wenn wir seinen unbedachten Worten keine weitere Folge geben wollten. Hätte ich etwa das nicht annehmen sollen? So wie ich die Sache ansehe, hätte ich nicht einmal das Recht gehabt, was dem Kloster geopfert wurde, zurückzuweisen. Die 10 Pfund Buße habe ich auch nicht ermangelt, unserer Frau Meisterin abzugeben. Johann Seiler aber ist still, und wie mir schien, gar nicht unmutig wieder heimgegangen.

Das ist der ganze Hergang dieser nun vor den Rat gezogenen Angelegenheit. Dafür wollte ich alle Heiligen und unsere Liebe Frau und Schutzpatronin zu Zeugen anrufen. Ich hätte mir nicht von ferne gedacht, daß der grobe Maurer das wieder aufrühren würde."

„Das soll Euch, ehrwürdige Schwester, und auch Eurem Kloster nicht im geringsten schaden," besänftigte sie nun der Kurator. „Wenn es sich also verhält, wie Ihr mir jetzt klar berichtet habt, und ich will mich nicht unterstehen etwas davon zu bezweifeln, so habt Ihr im Grunde die ganze Kaufsumme bezahlt, und der Seiler hat dann 10 Pfd. als Buße dem Gotteshause wieder zurückgegeben. Wahrscheinlich hat er sich damals einen Rausch angetrunken und nachher nicht mehr recht gewußt, was er hier im Kloster gethan und gerebet hat. Vielleicht hat ihn auch seine Frau gescholten, als er nicht die ganze Summe heimbrachte, und ihm etwas Böses zugetraut. Ja, ja, der Wein ist ein Spötter und richtet Unheil an, und mit Schein habt Ihr ein starkes Getränk in Eurem Keller; wer würde das glauben? Ich werde mich auch.selber in Acht nehmen müssen; die wohlehrwürdige Frau Meisterin hat mir da auch eine Kanne aufgestellt."

„O, bei Euch hat's keine Gefahr, gnädiger Herr Kurator, Ihr trinkt nicht so hastig und so viel, wie der Maurer Eciler; zudem", fügte die Meisterin noch lächelnd hinzu, „haben wir Euch von einem andern Faß aufgestellt. Der ist milder und steigt Einem weniger in den Kopf, als der fernbrige Jahrgang von unsern Reben an der Halden zu Erlach. Wie Ihr wissen werdet, ist von einigen Schwestern als Anerkennung dafür, daß sie von ihren vergabeten Gütern die Nutznießung haben können, eine jährliche Weinspendung von je einer Maß gestiftet worden, und diesen Wein, der von den Ufern des Genfersees stammt, bewahren wir sorgfältig auf."

„Den sollten sich Eure alten und bräfthaften Schwestern gönnen; für die ist doch diese Spende bestimmt," erwiederte gar freundlich Herr Wernher und hob seinen Becher, das Wohl der Meisterin und des ganzen Klosterkonvents ausbringend.

Die beiden Frauen nickten mit ihren Häuptern und Katharina von Possenach wünschte ein: „Wohl bekomm's!"

Als Schwester Elisabeth sich hierauf entfernen wollte, ersuchte sie Herr Wernher freundlich, zu bleiben, und fuhr dann, zur Meisterin gewendet, fort: „Weil Ihr gerade von Vergabungen redet, es ist mir, als sei Euch vor mehreren Jahren auch etwas für das Licht in die Klosterkirche und in Euer Dormitel (Schlafgemach) vermacht worden. Wird das getreulich ausgerichtet?"

„Ja, ja! aber es ist leider nicht so viel. Im Jahr 1361 sind von Herrn Johann von Kramburg, Fry, sel. und dann noch von Herrn Johann, gewes. Kirchherr zu Gurmels, je 20 Pfund vergabet worden, wogegen wir versprochen haben, jährlich auf unserer Frauen Tag im Herbst ihre Jahrzeit zu begehen. Von dem Pfund Zins des einen Vermächtnisses, welches wir auf unserm Gut zu Ebersche angelegt haben, verwenden wir 10 Schilling für unser Licht im Dormitel, und der Zins der pfarrherrlichen Vergabung wird zu gleichen Teilen von je 10 Schilling für die Beleuchtung unserer Kirche und für die des Dormitels ausgegeben. So ist es in Schrift verfaßt worden, und so wird es auch Jahr um Jahr gehalten."

„Gut so, gut so! Zürnet mir nicht, ehrwürdige Frau Meisterin, wegen meiner Nachfrage, zu der mich eigentlich mein Amt verpflichtet! Es freut mich ungemein, daß Euerm Klösterlein so viele Vermächtnisse zufließen, ein Beweis, daß es weit herum Liebe und Zutrauen genießt. Was an mir ist, muß es noch viel mehr erhalten, daß Ihr geistliche Frauen nicht nur ohne Sorgen leben, sondern auch Euern frühern Gewohnheiten gemäß euch anständig halten und ernähren könnet."

„Ihr seid gar gütig, frommer, wohlehrwürdiger Herr Kurator; wollet aber nicht vergessen, daß wir das Gelübde der Armut auf uns genommen und unserm Herrn und Erlöser in seiner bescheidenen, geringen Lebensweise nachfolgen wollen!"

„Das ist schon gut gemeint, aber nicht die Hauptsache!" fuhr Herr Wernher in belehrendem Tone fort, „nehmt euch auch der Armen und Kranken nach Kräften an! In diesen dienet ihr dem Heilande und versäumet auch nicht, Ihm, dem gebenedeiten Gottessohn und großen Kinderfreund, die Kleinen zuzuführen! Haltet ihr eigentlich auch Schule mit den Kindern aus der Umgegend?"

„Apart nicht!" erwiderte sichtlich verlegen die auf eine solche Prüfung nicht gefaßte Meisterin. „Unser Propst und Kirchherr dahier hat uns davon nichts gesagt. Einige Knaben haben wir singen und beten gelehrt, daß sie als Chorknaben dem Priester zur Hand gehen können!"

„Thut noch ein Mehreres und lehrt sie doch auch lesen!" versetzte der wissenseifrige Kurator.

„Heiliger Augustin!" platzte nun die erschrockene Nonne heraus; „was soll denn Bauernkindern, die in ihrem ganzen spätern Leben doch nur mit Haue und Karst hantieren oder sich im Stall ihre Hände beschmutzen, das Lesen nützen? Die Eltern fragen der Wissenschaft selber nichts nach und würden uns nicht übel abputzen, wenn wir ihre Kinder wegen solchem Unterricht halbe Tage von den häuslichen Arbeiten fernhalten würden. Das Lesen ist gut für die Priester und Gelehrten, aber nicht für die Bauern und das gemeine Volk."

„Das ist allerdings die jetzt noch gangbare Anschauung, allein es wird anders kommen," belehrte der Kurator Wernher weiter, „und gerade die Klöster sollten es für ihre Aufgabe ansehen, wie die Pflanzstätten der Frömmigkeit, so auch der Bildung des Volkes zu sein. Wir haben nicht zu viel gelehrte Leute, ehrwürdige Frau. Wisset Ihr nicht, daß der heil. Augustinus, von dem Euer Orden seinen Namen und seine Regel hat, ein hochgelehrter Bischof gewesen und gerade durch seine Wissenschaft und die tiefe Er=

gründung der göttlichen Dinge eine Leuchte und Stütze der christlichen Kirche auf Jahrhunderte hinaus geworden ist? Mit großem Genuß und geistlichem Gewinn lese ich oft in seinen Werken; besonders seine Predigten und Schrifterklärungen sind mir gar lieb. Doch nun behüt' Euch Gott, geehrte, fromme Frau Meisterin! ich muß gehen. Gott lasse den leidigen Rechtshandel zu einem guten Ende kommen!"

„Wollt Ihr uns schon wieder verlassen?" erwiderte die Vorsteherin auf den Abschiedsgruß des Herrn Wernher. „Es würde uns alle nicht wenig freuen, wenn Ihr uns die Ehre erweisen wolltet, mit uns zu Mittag zu speisen. Das Mahl ist schon bereitet und Ihr kommt heute gerade zu einem Gericht Forellen und Hechte aus dem Thunersee."

„Es geht nicht wohl! Ich danke verbindlichst."

„Ei, thut uns doch den Gefallen, wohlehrwürdiger Herr Kurator!" drang nun auch Schwester Elisabeth v. Lindau in den Klosterpfleger. „Wir beide und gewiß auch die übrigen Schwestern würden gerne noch länger Euern gelehrten und erbaulichen Reden zuhören. Ist's denn nicht möglich zu bleiben?"

„Heute nicht; verzeiht, werteste Schwester, ich habe noch andere Geschäfte zu besorgen. Ein anderes Mal werde ich besser Zeit haben. Somit Gott befohlen!"

Mit diesen Worten verließ Herr Wernher Stettler das Zimmer und ritt bald darauf mit seinem Knechte wieder von dannen. Sobald er aus Gehörweite gekommen war, murmelte die Meisterin Katharina von Possenach etwas von übertriebener Schulmeisterei und bemerkte dann lauter: „Unmöglich das! Es hat nicht jedermann so viel Geld, um Bücher zu kaufen, wie der reiche Herr Wernher." Unwirsch setzte sie sich zu Tische, während Schwester Elisabeth die erhabenen Ideen des Herrn Kurators rühmte: so schön und wichtig habe er von dem wahren Gottesdienst geredet, den man in der Pflege der Kranken und im Unterricht der Kinder erweisen solle; es habe sie immer gedünkt, die beständigen Litaneien, Nachtwachen und Fasten können doch im Klosterleben nicht die Hauptsache sein.

Kapitel II.
Des Kirchherrn Haus zu Wynigen.

> Im schönsten Wiesengrunde
> Steht meiner Heimat Haus;
> Da zog ich manche Stunde
> Ins Thal hinaus.
> Dich, mein stilles Thal,
> Grüß' ich tausendmal;
> Da zog ich manche Stunde
> Ins Thal hinaus.
>
> Muß aus dem Thal jetzt scheiden,
> Wo alles Lust und Klang;
> Das ist mein herbstes Leiden,
> Mein letzter Gang.
> Dich, mein stilles Thal,
> Grüß' ich tausendmal;
> Da zog ich manche Stunde
> Ins Thal hinaus.
>
> (Altes Volkslied.)

Nach dem soeben erzählten Besuche des Herrn Wernher St. im Kloster unserer Lieben Frauen zu Kappelen waren einige Tage verstrichen. Das prächtige Maienwetter hatte inzwischen umgeschlagen; dunkle Wolken strichen über die dicht bewaldeten Höhen nördlich von Burgdorf und schütteten von Zeit zu Zeit ihren befruchtenden Inhalt über das lang gezogene Wynigenthal aus. Von dem stumpfen Kirchturme von Wynigen waren soeben die letzten Töne der Vesperglocke verhallt. Aus den Dächern im Dorfe (die Kamine waren noch unbekannt) fingen an dünne Rauchsäulen aufzusteigen, und da und dort sah man kleinere und größere Gruppen von stämmigen Landleuten, Ackerwerkzeuge auf den Schultern, oder kuhbespannte Wagen vor sich her treibend, vom Felde heimkehren. Im Garten des Kirchherrnhauses mitten im Dorfe gewahren wir eine Frauensperson, die beschäftigt ist, Gemüse und Blumen abzuschneiden. Es ist die Haushälterin und Köchin des Kirchherrn, Greda Koler, welche ihren Herrn diesen Abend von Bern zurückerwartet und ihm noch eine gute Mahlzeit bereiten will. Über das jugendliche Alter hinaus, ist sie doch immer noch eine recht angenehme Erscheinung von blühendem und kräftigem Aussehen. In ihren normalen Gesichtszügen und dem offenen Blick der blauen Augen prägt sich ein schlichter, ehrlicher Sinn aus, während die schmalen geschlossenen Lippen und die eckige Form des Kopfes auf einen festen entschlossenen Willen hindeuten. So zeugen auch jetzt, wo sie sich im Garten umthut, ihre raschen Bewegungen und die Rührigkeit der schön gerundeten, gebräunten Arme von Gewandtheit und emsigem Fleiß.

Sie war im nahen Kappelengraben aufgewachsen und hatte frühe ihren Vater, einen fleißigen Landarbeiter, verloren. Als mehrere Jahre später auch ihre Mutter gestorben war, und sie nun verlassen und ratlos dastand, war sie von Herrn Wernher, der infolge seines seelsorgerlichen Verkehrs mit der armen Familie genauer bekannt geworden war, als Magd, oder, wie man sich heute noch im Bernerland ausdrückt, Jungfrau, in sein Haus aufgenommen worden. Gegen 15 Jahre diente sie ihm schon, durch Fleiß und Zuverlässigkeit sich auszeichnend, und genoß das unbedingte Zutrauen des vielbeschäftigten Kirchherrn, dem sie hinwiederum als ihrem Wohlthäter mit kindlicher Liebe ergeben war und für dessen leibliches Wohl sie in zärtlichster, oft zudringlicher Weise sorgte.

Vom Garten weg ging Jungfer Greda in die geräumige Küche, um die letzte Hand an die gekochten Gerichte zu legen. Wir sind im Fall, an der Hand des in der Vorrede erwähnten Testamentes zu sagen, was sich in der Küche des geistlichen Herrn vorfand; es war eine stattliche Zahl von ehernen, kupfernen und messingenen Kesseln, Pfannen und Becken, und auf langen Bänken funkelten in Reih und Glied noch zinnerne, auch lederne Flaschen, auch Schalen und Becher, welche von dem Wohlstand des geistlichen Herrn, sowie von der Ordnungsliebe und der sorgfältigsten Reinlichkeit seiner Köchin sprechendes Zeugnis ablegten. Aus dem reichhaltigen Kücheninventar kann ferner wohl auch der Schluß gezogen werden, daß da nicht bloß das Allernotwendigste gekocht wurde, daß vielmehr über dem eisernen Prantreiter (Brandbock) saftige Stücke von allerlei Fleisch, Wildpret nicht ausgeschlossen, gebratet werden und in dem an langen eisernen Helen (Ketten) hangenden Topf nicht selten wohlduftende Brühen brodeln mochten. Zum Kirchensatz gehörten ja meistens allerlei Naturalien, besonders Lämmer und Hühner, und in den ausgedehnten Waldungen gab es viel zu jagen. Die Bauern aber brachten ihre Jagdbeute und mit Recht oder Unrecht gefangene Fische gerne ihrem würdigen und beliebten Kirchherrn, der ihnen auch dann einige Pfenninge dafür zu entrichten pflegte, wenn diese damit lediglich seine geistlichen Funktionen bezahlen wollten. In einem mächtigen Troge (Kiste) war das in der Küche nötige Leinenzeug aufgeschichtet.

Als Greda fertig gekocht hatte, ging sie in das anstoßende Eß- und Wohnzimmer, um den Tisch zu decken. Auf den starken Eichentisch legte sie einen hölzernen Teller und eine mit Wein gefüllte Kanne, die sie aus der Küche gebracht, und entnahm dann einem der beiden mit Eisen beschlagenen Tröge, die an den Wänden standen, zwei silberne Schalen, auf welche je ein Kleeblatt eingegraben war, einen silbernen Becher oder Köpff, sowie auch Messer und einen silbernen Löffel. „Das Tischlachen lege ich heute nicht hin", sagte sie dabei zu sich selbst, „die spart man für festliche Gelegenheiten. Hingegen muß ich meinem Herrn einen der schönern Becher aufstellen; diesen beschlagenen flabrin Köpff (mit Silber beschlagenen Becher von maserigem oder tannenem Holz), den er vom Schultheißen Johann von Bubenberg zum Geschenk erhalten hat; den sieht er immer mit großem Wohlgefallen, und ich muß trachten, ihn recht zufrieden zu stellen, daß er heiter und vergnügt zu Tisch sitzt und es hier nicht schlechter findet, als in Bern oder im Kloster zu Kappelen. Die Schwestern wenden gar viel an, ihren Klosterpfleger zu ehren. Dem guten Herrn ist das wohl zu gönnen; er gibt sich auch gar viel Mühe für das Wohl ihres Klosters. Aber vor allem soll er sich daheim wohl fühlen können und mit seiner Jungfrau zufrieden sein. So! jetzt ist alles fertig und für den Herrn bereit; wenn er nur bald kommt!"

Nach diesem Selbstgespräch, als sich draußen noch immer nichts hören ließ, setzte sich die unermüdliche Magd an den Spinnrocken und ließ emsig das Rädlein schnurren. Greda Koler war eine Meisterin in dieser Arbeit und hatte mit ihren fleißigen Händen das Haus mit Bett= und Tischtüchern, auch Twehellen

(Handtüchern) ausgestattet. Von flächsenem und reistenem Garn und auch von unverschnittener Leinwand war ein schöner Vorrat vorhanden. Man brauchte dessen viel, da das Pfarrhaus, wenn es auch keine Familie zu beherbergen hatte, doch reichlich Gastfreundschaft übte. W. Stettler hatte eine große, zum Teil vornehme Verwandtschaft; unter denen von Krauchthal, Seftigen und von Seedorf hatte er Schwäger, Oheime, Vettern und Basen, und außer diesen waren auch seine Patenkinder gern in Wynigen gesehen und brachten öfters einige Tage im Kirchherrnhause zu. Sie vergalten ihm dann seine Gastfreundschaft gewöhnlich mit allerlei Geschenken, und mehrere in seinen Kisten aufbewahrte Schalen und Becher, auch eine Anzahl von größern und kleinern, zum Teil mit Saphiren und Rubinen besetzten „Fingerli" waren ihm liebe Angedenken an beherbergte Verwandte und Freunde.

„Wo mein guter Herr doch nur so lange bleiben mag?" seufzte Greda an ihrem Spinnrocken auf, nachdem sie eine Spule voll gesponnen hatte, „es ist finstere Nacht und stürmt noch dazu; es wird ihm doch kein Unglück begegnet sein. Die Wälder um Krauchthal seien nicht ganz sicher zu bereisen. Der liebe Gott und die heil. Jungfrau wollen ihn behüten!" Die besorgte Spinnerin langte hierauf von der Wand, an der neben einem Kursenen (Pelzmantel) und andern Kleidern auch einige sogen. Paternoster aufgehängt waren, dieser letzteren eins herunter, ein parillin (perlenes), um daran ihre Vaterunser und Ave Maria herzubeten. Sie hatte noch nicht manches Gebetlein aufgesagt, als sich immer näher Pferdegetrampel vernehmen ließ. Greda sprang mit leuchtenden Blicken auf, ergriff in der Küche einen brennenden Kienspan und eilte damit vor die Hausthüre. Da waren richtig der Kirchherr von Wynigen, unser Herr Wernher, und sein Knecht Hans von ihren Pferden gestiegen und erwiderten nun den Gruß der Haushälterin mit Wort und Händedruck. „Unser Erlöser und alle Heiligen seien gelobt!" fuhr diese fort, „daß ihr wohlbehalten zurückgekehrt seid; ich habe euretwegen viel Angst ausgestanden. Was ist aber die Schuld, daß ihr so ungewöhnlich spät heimgekommen? Es ist euch doch im Wald nichts Böses widerfahren?"

„Mach du jetzt, daß wir bald etwas Rechtes unter die Zähne bekommen!" entgegnete Herr Wernher, „wir haben über dem langen Trab ordentlich Hunger bekommen und wollen dir nachher von unsern Erlebnissen erzählen. Sind unterdessen keine Botschaften überbracht worden?"

„Doch! Von unserm Herrn, dem Grafen zu Burgdorf, kam ein Bote, um Euch eine Mitteilung zu machen; da er Euch aber nicht antraf, so will er in den nächsten Tagen wiederkommen."

„Ich muß bald wieder nach Bern vor den Rat; wenn er nur vorher kommt! Eine angenehme Nachricht wird er kaum zu überbringen haben. Die hohen Herren von Kyburg kommen in ihren Vermögensverhältnissen immer mehr zurück, und so könnte es sein, daß sie mir von dem ihnen gehörenden Kirchensatz nicht mehr alles auszurichten vermögen. Ist sonst noch etwas?"

„Ihr sollet sobald als möglich zu einem sterbenden Bäuerlein oben in den Bergen bei'r Hohtannen. Er ist an einem steilen Abhang ausgeglitscht und weit hinunter gestürzt, so daß er schwere innere Verletzungen davongetragen hat. Der schmachtet nach dem letzten Trost."

„Der arme Mensch! Daß so etwas just sich ereignen muß, wenn ich fort bin. Gleich morgen früh will ich hin; wecke mich noch vor Tagesanbruch! Hörst du Greda?"

Mit diesen Worten betrat der Kirchherr das Eßzimmer und sich hinter den Tisch setzend füllte er sich den Becher, um schnell den größten Durst zu löschen. Greda trug einige dampfende Schüsseln auf und entfernte sich wieder, um ihren Meister allein speisen zu lassen. Als dieser sich gesättigt hatte, rief er seine

Haushälterin herein, um sie ein wenig über das zu unterhalten, was in den letzten Tagen geschehen war.

„Du weißt wohl, Grede," begann er seine Mitteilungen, „daß ich mich immer bei Zeiten auf den Heimweg mache und bei diesen unruhigen Zeitläuften nicht gern in der Dunkelheit durch das Grauholz reise. In Bolligen war ich aber genötigt, vor dem Regen beim dortigen Vicarius Schutz zu suchen und wurde von ihm freundlich empfangen. Es ging nicht lang, so fing er an gar schrecklich über seine geringe Besoldung zu klagen, die ihm vom Kloster Interlaken als Inhaber des Patronatsrechts und der Vogtei der dortigen Kirche ausgerichtet wird. Ich belehrte ihn hierauf ausführlich, wie das gekommen sei, daß der dortige Kirchensatz, der in frühern Zeiten 30 Mark Silber eintrug, an das Kloster Interlappen abgetreten worden. Es mögen jetzt ungefähr hundert Jahre her sein, daß die ehemaligen Kirchherren von Bolligen, die Herren von Stein, dem genannten Augustinerkloster diese Schenkung gemacht haben, und daß dieselbe von dem Grafen Eberhard von Habsburg als Lehensherrn und von seiner Schwiegermutter, der Gräfin Elisabeth von Kyburg, die ebenfalls Rechte auf die Kirchengüter hatte, bestätigt worden ist. Im Heumonat 1278 kam dann der Propst Ulrich von Interlappen nach Bolligen und nahm an einem

Sonntag selber von diesen Kirchenrechten und Gütern Besitz. Es ist das vom Propst von Kappelen im Forst und mehreren Leutpriestern schriftlich bezeugt worden. Mein Großvater, auch Werner mit Namen, der als Dienstmann in Stettlen, unsrer ursprünglichen Heimat, wohnte, war auch dabei und hat mir einige Male erzählt, was da geredet worden und wie nach den Verhandlungen in der Kirche der damalige Rektor der Kirche, Hr. Rudolf von Stein, alle die anwesenden Herren reichlich bewirtet habe und es dabei gar lustig hergegangen sei. Ähnlich wie mit Bolligen ist es auch mit dem Kirchensatz von Belp gegangen; auch der kam an das Männerkloster von Interlaken.

Der gute Vikar von Bolligen, dem freilich mit meiner Erklärung wenig gedient war, begehrte gewaltig auf, daß ein Kirchensatz nach dem andern im ganzen Land umher, zum Schaden der Kirchgenossen, an dieses große Kloster komme, und daß dieses die von ihm angestellten Helfer und ewigen Vikarien (auf Lebenszeit gewählt) gewöhnlich viel geringer besolde, als die Leutpriester. Dagegen ist jedoch nichts zu machen, denn es ist ein von den Päpsten bestätigtes Recht jenes Klosters, von allen seinen Kollaturpfarreien, deren Kirchensatz nicht 100 Gulden beträgt, diesen an sich zu ziehen; dafür sind sie aber gehalten, die von ihnen ernannten Vikare anständig zu honorieren.

Doch, was lasse ich mich so weitläufig in diese juristischen Angelegenheiten ein! Davon wird meine Haushälterin doch nicht viel verstehen, gelt Grede?"

„„O das ist nicht schwer zu verstehen,"" entgegnete diese, „„daß die Großen und erst noch die Klöster, weil sie mit ihrem Vermögen nicht auskommen, immer mehr begehren und sich dafür an den armen Vikarien und auch an den Leutpriestern bereichern wollen. Nimmt mich nur wunder, wie es mit uns hier gehen wird. Der Graf von Kyburg ist nicht minder in Geldnöten, als das Interlakner Kloster, und wäre wohl gern der Pflicht enthoben, für die Gottesdienste in unserer Gemeinde zu sorgen.""

„Das habe ich mir eben auch schon gesagt," fuhr der Kirchherr in seiner Rede fort, „und seitdem Herr Eberhard von Kyburg, des verstorbenen Grafen Sohn, zu seinen andern geistlichen Stellen — er ist ja Propst von Amsoldingen und Domkustos zu Basel und was weiß ich noch mehr! — vor zwei Jahren auch die Propstei am St. Ursen-Chorherrenstift in Solothurn erhalten hat, so könnte er es mit seinem bedeutenden Einfluß schon noch beim Papste dahin bringen, daß die hiesige Kirche dem Solothurner Stift einverleibt wird. Dazu wird es kommen, wenn wahrscheinlich auch nicht so bald, und dann befürchte ich, wird die hiesige Pfarrstelle noch geringer dotiert oder gar ein ewiger Vikar hieher gesetzt. Das trägt alles dazu bei, mich in meinem Entschluß zu bestärken.

„Ich habe dir noch etwas mitzuteilen, meine gute Grede," fuhr der Kirchherr nach einigem Besinnen fort, „eine Neuigkeit, die unsere Haushaltung stark verändern wird."

„„Was mag das sein? Ihr erschreckt mich wahrlich, wohlehrwürdiger Herr,"" versetzte die Köchin, durch den ernsten Ton ihres Herrn nicht wenig beunruhigt.

„Dir wird es deswegen nicht schlimmer gehen," belehrte sie Herr Wernher, „ich habe mich entschlossen, Wynigen bald zu verlassen und in meine Vaterstadt zu ziehen."

„„Was Ihr nicht sagt! B'hüet is Gott! Was wollt Ihr denn in Bern thun?""

„Thörichte Frage! was ich in den letzten Tagen dort auch gethan habe. Ich werde doch das gleiche Recht haben wie etliche meiner Kollegen, für meine Pfarrei einen Vikar oder Helfer anzustellen und den Rest des Einkommens da zu verzehren, wo es mir am besten gefällt. Die Pflege des Klosters zu Kappelen und andere sich immer mehrende Geschäfte führen mich viel in die Stadt, und daß das beständige Reisen mich anstrengt und dazu viel Zeit wegnimmt, ist gut zu begreifen. Hier in dem abgelegenen Graben ist auch kein kurzweiliger Lebtag. Es fehlt mir die angenehme und gebildete Gesellschaft der Stadt, und neben der Hauptkirche hier im Dorf noch die beiden Kapellen von Lunisperg und St. Ulrichen zu bedienen, ist auch keine Kleinigkeit und wird mir mit zunehmendem Alter zu schwer. Von den Wynigern habe ich nicht einmal viel Dank für alle meine Mühe, meinen sie doch, ihr Pfarrer habe es nur zu gut, und zahlen ungern die vorgeschriebenen Gebühren. So haben mich meine guten Freunde und Verwandten in Bern selber auf den Gedanken gebracht, es so einzurichten und mich in ihrer Nähe niederzulassen."

"„Und die geistlichen Frauen im Forst werden Euch auch ziehen,"" fiel ihm nun seine Haushälterin spitzig in die Rede, „„das habe ich schon lange merken können, daß es Euch die angethan haben; sie werden wohl gar schön und fromm zu reden verstehen und fleißig die Augen verdrehen. Aber nur das will ich gesagt haben: Hinter den Schleiern dieser Nonnen und unter ihren Caphartröcken menschelet's auch gewaltig; das sage ich, wenn ich schon nur eine weltliche Jungfrau bin.""

"Nur keine Eifersüchteleien, meine Gute!" beschwichtigte sie sofort Herr Wernher, dem solche Redensarten seiner Köchin nichts Neues waren, „die frommen Schwestern zu Kappelen lasse ich mir nicht schelten. Sie haben mich jederzeit sehr freundlich empfangen, wenn ich in ihr Kloster kam, und ihr Übelhaus in der Stadt mitten an der Aegertengasse (Junkerngasse) steht mir immer offen, so oft ich mich in Bern aufhalte, und da logiert's sich wie in der vornehmsten Herberge."

„„Diese Kappeler Schwestern haben auch allen Grund, Euch zuvorkommend zu bedienen,"" entgegnete die Haushälterin, „„Ihr helft ihnen wohl genug in allen ihren Händeln und Geldnöten; wer gibt nicht gern eine Wurst für eine Speckseite? Aber ich sehe es schon, Ihr seid ganz ein Stadtherr geworden, mein wohlehrwürdiger Herr, und darum werde ich Euern Dienst bald verlassen müssen. Ich bin auf dem Lande aufgewachsen, habe mich nun einmal an die Landarbeit gewöhnt und passe nicht in die Stadt zu den vornehmen und steifen Herren und Frauen, die mich als eine bäurische Jungfrau doch nur verachten würden. In Bern werdet Ihr genug Mägde finden, die das Kochen und Scharwänzeln besser verstehen als ich.""

„Ei, was meinst du, Grede? dich lasse ich nicht fortgehen. Hast du mir nun bald 15 Jahre treu gedient, so mußt du, so Gott will, bis an mein Lebensende bei mir bleiben. Das geht nicht anders. Sieh! du stellst dir den Dienst in der Stadt viel zu schwer vor. Wir ziehen übrigens nicht in die Stadt hinein, sondern beziehen das Landhäuschen in der Sandfluh, das, wie du wohl weißt, mir und meiner Schwester Margarita, des Herrn von Seedorf Gemahlin, gemeinsam gehört. Es ist vor dem untern Thor und nicht weit von der Aare gelegen. Eine kleine Hofstatt mit einem Gärtchen ist auch dabei, sogar einige Reben, so daß du im Herbst noch Trauben essen kannst."

„„Ja, ja, das wird viel zu pflanzen geben"", bemerkte darauf die Köchin spöttisch, „„bei einer Sandfluh und am Ufer der wilden Aare, höchstens einiges Gemüse, aber von Hanf und Flachs wird keine Rede sein, auch Haber und Erbsen nicht.""

„Das ist auch nicht nötig!" fuhr der Kirchherr fort, „meinst du, das sei mein einziges Besitztum, du Thörin? Ich habe ja noch ein schönes Gut zu Mühlheim bei Limpach, von dem ich alle nötigen Gemüse und Früchte, auch, wenn ich will, Fleisch und Eier beziehen kann. Deswegen mach dir nur keine Sorgen! Zudem ist mir noch im Marzili bei der Stadtmauer ein Garten feilgeboten worden, der nicht viel kleiner ist als der hiesige. Der würde dir immer noch Gelegenheit geben, nach Herzenslust zu pflanzen und im Erdreich zu arbeiten. Ich denke aber, mit zunehmendem Alter wird dir die Gartenarbeit zu beschwerlich werden und wirst du froh sein, im Hause und am Schermen zu bleiben. Bedenke auch das: du wirst dann noch öfter Gelegenheit bekommen, Schultheißen und Ratsherren und vornehmen geistlichen Herren aufzuwarten und deine bewährte Kochkunst zu zeigen; denn Besuche werden wir noch häufiger haben als jetzt, und meine Patinnen haben mir schon zugesagt, hin und wieder an müßigen Nachmittagen bei mir einzukehren, und freuen sich, meine Haushälterin auch persönlich kennen zu lernen. Du kennst ja unter anderen des Herrn Ludwig von Seftigen Eheweib und die Schwester meines Oheims Herrn Petermann von Krauchthal, die Frau von Er=lach, und meine Base Verena von Seedorf. Auch hoffe ich, meine Schwester von Murzenden hin und wieder bei mir zu sehen.

Kurz, wir werden in Bern ein bequemeres, an=genehmeres Leben führen können und viele fröhliche Stunden haben. Die Nachbarschaft des Herrn Ulrich von Kotzkofen, genannt von Glarus, eines wunder=lichen und geizigen Patrons, habe ich glücklicher=weise auch nicht mehr zu scheuen. Der hat vor drei Jahren sein an die Sandfluh=Besitzung angrenzendes Gut, Scheuer, Acker und Baumgarten für 105 ℔ dem Kloster Interlaken verkauft, dessen Amtmann er war. Es ist fürwahr ein geringer Preis. Das Gewissen mag ihm aufgewacht sein, und er wollte mit einem solchen Opfer wohl für seine vielen Sünden gut machen. Wenn ich recht gehört habe, so ist dieser Herr vor kurzem gestorben. Wenn die Interlakner-Konventualen nach Bern kommen, wo sie jederzeit vor dem Rat zu prozedieren haben, so werden sie wohl auch dieses neu erworbene Gut sich ansehen wollen und bei dieser Gelegenheit auch uns besuchen. Was sagst du dazu, meine l. Jungfrau? Gefällt es dir nicht, viele und vornehme Besuche im Hause zu haben? Neben der Ehre wird das gewiß auch etwas Klingendes für dich abwerfen."

„„Kann sein; je nach dem!"" antwortete die kluge Haushälterin. „„Aber, was ich wissen möchte: wird wohl Eure gnädige Schwester, die Frau Margarita von Seedorf, sich viel in der Sandfluh aufhalten?""

„Was weiß ich? Wahrscheinlich! Wenn sie nach dem Ableben ihres immer kränkelnden Mannes nicht noch vorzieht, ins Kloster zu gehen. Du wirst sie doch nicht scheuen, du weißt ja wohl, wie frein (gutmütig) sie ist. Sie kann dir in vielen Dingen noch von großem Nutzen sein, und das Rechnen, das dir so viele Mühe macht, kannst du ihr dann überlassen."

„„Wenn ich es ihr nur treffen kann!"" fuhr die weitsichtige Köchin fort. „„Frauen sind oft launisch und im allgemeinen schwerer zu befriedigen als Herren. In jedem Fall aber, da wir in der Stadt mehr Personen am Tisch haben werden, und alles viel feiner und schöner wird eingerichtet sein müssen, wird unsere Haushaltung um das kostspieliger werden. Dann habe ich auch mehr Geschirr in der Küche nötig. Vor allem muß ein eherner Hafen angeschafft werden, auch einige Pfannen und anderes mehr. Für das Leinzeug, das man noch bedarf, will ich selber sorgen, so lange ich noch spinnen kann.""

„Du siehst doch nie genug Geschirr im Haus", wendete Herr Wernher ein; „wir haben bereits mehr als alle meine Kollegen nicht nur, sondern auch als viele adelige Häuser. So sehr werden diese Neuanschaffungen nicht pressieren. Ich will noch meine Schwestern darüber befragen."

„„So! Soll ich nun nichts mehr zu dieser Sache zu sagen haben? Das fängt schön an. Jetzt weiß ich, was ich zu thun habe. Gute Nacht, Herr Pfarrer!"" Mit diesen Worten wollte die Köchin in großem Unwillen das Zimmer verlassen, als sie von ihrem Herrn in lautem entschiedenem Tone zurückgerufen wurde. „Bist doch immer der alte Trotzkopf! Höre mich doch fertig, Grede; das wäre gewiß gescheiter, als so zu täuppelen (schmollen, zornig sein)! Meinst du denn, ich verstehe nichts davon, was eine Haushaltung kostet? Natürlich werden wir in der Stadt in manchem Punkt mehr ausgeben müssen als hier, in einigen Sachen dagegen kann ich mich einfacher ein=

richten. Wie mancher armen Familie muß ich hier als Kirchherr beistehen! Diese Unterstützungen werden nach meinem Wegzug zu einem großen Teil wegfallen, auch brauche ich keine Pferde mehr zu halten. Mit solchen können mir die reichen Herren in Bern schon aushelfen. So kann ich dann auch unsern Hans entlassen, wenn wir von Wynigen fortziehen. Seinen Dienst versieht er sehr mangelhaft und ist mir in der letzten Zeit auch wegen seines groben Benehmens verleidet. He, Grede! Ist dir das nicht recht?"

Herr Wernher kannte die Abneigung seiner Köchin gegen den ungeschlachten und bisweilen sehr unverschämt werdenden Knecht und wußte wohl, daß sie öfters mit demselben in heftigen Wortwechsel geraten war, ja ihn auch schon mit dem Besen zur Küche hinausgejagt hatte, als er sich Ungebührlichkeiten erlaubte.

„„Dem Grobian werde ich allerdings keine Thräne nachweinen"", war ihre Antwort. „„Es wird aber sonst noch manche Änderung geben. Ob ich mich in das alles werde schicken können? Ich bin auch nicht mehr jung. Ja, was soll ich da für einen Bescheid geben? Gebt mir gefälligst einige Tage Bedenkzeit! Gute Nacht, wohlehrwürdiger Herr!""

„Stoße noch mit mir an auf einen glücklichen Umzug und einen recht angenehmen Aufenthalt in

Bern und dann schlafe recht gut, meine Grede; be=
sinne dich auch nicht zu lang, was du thun willst!" so
schloß der Kirchherr seine längere Unterredung mit
der wieder etwas begütigten Haushälterin. Diese ge=
horchte, nippte nur ein wenig an dem dargereichten
Becher und ging dann mit sinnendem Haupte in ihre
Schlafkammer. Es ging lange, bis sie den Schlaf fand,
und als sie endlich eingeschlummert war, gaukelten ihr
Bilder von dem neuen Heim vor Berns Mauern, von
dem Regiment der Frau Margarita von Seedorf und
vom Stallknecht Hans, der sich nicht aus der Küche
vertreiben lassen wollte, in wirrem Wechsel vor der
Seele.

Kapitel III.
Die Ratssitzung in Bern.

> Allein dem waren Gott zu Eer
> Keim faltschen Abgot niemermer.
> Richtend recht ir Menschenkind
> Beid Urtel phören ir schuldig sind.
>
> (Inschrift am Rathause unten an der Kirchgasse
> aus dem Jahre 1609.)

Freitag in der Pfingstfronfasten, 7. Juni, war angebrochen, und die Strahlen des schon höher gestiegenen Tagesgestirns beleuchteten hell die feste Zähringerstadt an der Aare. In dem frischen Grün des hoch gebauten Kirchhofes zwitscherten die Vögel, und von der Matte (unterer Stadtteil) drang das mächtige Rauschen des über die lange Schwelle stürzenden Aareflusses herauf. Einige Männer und Frauen kamen nach beendigter Frühmesse aus der alten Leutkirche, als wiederum von deren hohem Wendelstein die Glocke ertönte. Es war das Zeichen zum Beginn der Ratssitzung. Bald sammelten sich die Mitglieder des kleinen Rats in militärischem

Kostüm vor dem hinter der Kirche gelegenen und an den Kirchhof im Osten anstoßenden Rathause, einander die Hände schüttelnd. Nachdem auch der Schultheiß, der Edelknecht Ulrich von Bubenberg, erschienen war, stiegen sie, diesen, ihren Präsidenten, voran, in die Ratsstube hinauf, deren Fenster nach Süden auf die schäumende Aare und das darüber sich erhebende Kirchenfeld gingen. Von den zwölf Ratsherren waren elf anwesend, nämlich Peter von Krauchthal, Peter und Kuno von Seedorf, Konrad von Holz, Johann von Seftigen, Johann von Schafhausen, Ulrich von Bach, Johann von Dießbach, Wernher Buchholz, Johann Rieber und Johannes Lischo. Nach den üblichen Eröffnungsformalitäten ließ der Schultheiß den Ratsschreiber die Verhandlungsgegenstände mitteilen. Es wurde beschlossen, zuerst den das Frauenkloster von Kappelen betreffenden Handel vorzunehmen, worauf die beiden Parteien mit dem Fürsprecher des Klosters, unserm Herrn Wernher Stettler, durch den Weibel hereingerufen wurden. Herr Wernher trat zuerst herein, gravitätischen Schrittes, im Bewußtsein seiner doppelten Würde als geistlicher Herr und als Jurist. Dann, von ihm geführt, die dicht verschleierte Schwester von Kappelen, Elisabeth von Lindau, und zuletzt die kräftige Gestalt des Maurers Johannes Seiler mit einem frechen, trotzigen Gesicht. Diesem letzten wurde als Kläger zuerst das Wort gegeben, nachdem er ernst ermahnt worden war, genau bei der Wahrheit zu bleiben.

Was ich zu klagen habe, begann der Maurer, ist kurz das: Ich habe im verflossenen Jahr dem Frauenkloster zu Kappelen im Forst eine Schuppose zu Nieder=Bottigen um 108 Pfund Bernwährung ver= kauft, wie das der gnädige Herr Schultheiß, der den Kauf besiegelt hat, und der anwesende Ratsherr Peter von Krauchthal bezeugen können, und bei der Be= zahlung der Kaufsumme, wofür ich ins Kloster im Forst gegangen bin, hat mir die Schwester Elisabeth von Lindau zehn Pfund zurückbehalten. Leider habe ich das erst hintendrein nach meiner Rückkehr bemerkt. Das hätte ich einem Gotteshause nicht zugetraut, daß es nicht besser als unredliche Händler einen ehrbaren Burger der Stadt Bern in Schaden bringen könnte. Ich verlange daher vom Gericht nicht mehr und nicht weniger, als daß es das Kloster zur Erlegung der mir noch schuldigen Summe anhalte, wie recht und billig.

„Was habt Ihr hierauf zu erwidern, ehrwür= dige Schwester?" fragte diese nun der Schultheiß. „Ist alles so, wie wir es jetzt aus dem Munde des Maurers Seiler vernommen haben? Erzählt uns nur ohne Scheu den ganzen Sachverhalt; wir trauen

Euch zu, daß Ihr uns auch ohne einen Eid zu leisten, einen wahrheitsgemäßen Bericht erstatten werdet."

„Ich kann es nicht leugnen", hob diese mit leiser Stimme an, „daß ich unserm Kläger zehn Pfund weniger bezahlt habe, als anfänglich ausgemacht worden ist; das hat aber seinen guten Grund. Der Seiler hat vergessen beizufügen, wie er sich in unserm Gotteshause betragen, und dann, darüber zur Rede gestellt, bald eingewilligt hat, den noch fehlenden Betrag als Buße dahinten zu lassen. Hätten wir ihn wegen seiner unzüchtigen und gotteslästerlichen Reden, die er vor unsern Ohren losließ, beim hochwürdigen Bischof verklagen wollen, so hätte ihm das ganz andere Kosten verursacht, als nur 10 Pfund. Es ist für uns geistliche Frauen, die wir den Rest unseres Lebens von der Welt zurückgezogen, in stiller Andacht und mit guten Werken ganz dem Herrn, unserm Erlöser, weihen möchten, eine harte Sache, mit solchen groben Leuten verkehren zu müssen, und wenn man doch nur das Gute und Gottes Ehre gesucht hat, zuletzt noch einen Prozeß auf den Hals zu bekommen. Aber Recht muß doch Recht bleiben und unser heiliges, von den frommen Altvordern gestiftetes Kloster versieht sich zu unserm gestrengen, frommen und fürsichtigen Rat und dem gnädigen Herrn Schultheißen, daß er uns in dieser Sache nicht im Stiche lassen wird."

Kaum hatte die Klosterschwester diese letzten Worte gegen den Präsidenten des Rats gewendet, mit erhobener Stimme ausgesprochen, als der klägerische Maurer, noch ehe er das Wort erhielt, mit grimmigen Geberden losfuhr: „Thut nur nicht so fromm, ihr Heuchlervolk! Was, Gottes Ehre suchen? wenn ihr, Schwester Elisabeth, wie die übrigen Nonnen alle in Euerm sogenannten Gotteshaus nur auf Geld und Gut erpicht seid, nimmersatt bei allem, was ihr fortwährend bekommt! Dem Mammon dient ihr ärger als wir Weltlichen. Habe ich vor Euern frommen Ohren allzu weltlich und grob geredet, wie man's unter uns Handwerksleuten gewöhnt ist, so braucht man mir das nicht so übel zu nehmen. Warum unsere Worte so auf die Goldwage legen, da ihr doch unser Geld auch ohne lange Prüfung annehmet? Dazu war ich in lustiger Weinlaune. Daß wir von einer Geldbuße geredet haben, davon weiß ich nichts. Aber übel ist es mir gewesen, als ich von Kappelen heimkam. Ihr saubern Schwestern werdet etwas in euern Wein gemischt haben, daß er mich fast der Besinnung beraubte und auf längere Zeit krank machte. Ihr wäret nicht zu gut, eure Gläubiger noch zu vergiften, wenn es so ganz unmerklich geschehen könnte, ihr verfl...... Pack."

Jetzt erhoben sich einige Ratsherren, um den rohen Polterer, der in völlige Wut zu geraten drohte, zum Schweigen zu bringen, und verwiesen ihm scharf seine grundlosen Schmähungen.

„Wir haben nun merken können, wie die Sache sich verhält," bemerkte lächelnd der Schultheiß nach einer kurzen Pause, „Ihr habt Euch von dem aufgestellten Klosterwein einen ziemlichen Rausch getrunken, mein guter Meister, gesteht es nur offen! und in diesem Zustand weiß einer allerdings nicht mehr, was er sagt, und was um ihn her vorgeht. Rohe, gottlose Worte sind aber sündlich, auch wenn sie in trunkenem Zustand ausgesprochen werden, und können fromme Personen nicht anders als ärgern. Darum seid Ihr strafbar geworden. Von Euch, wohlehrwürdige Schwester, möchte ich nur noch wissen, was Ihr mit den als Buße zurückbehaltenen zehn Pfund angefangen habt?"

„Die habe ich sofort unserer geehrten Meisterin eingehändigt," erwiderte die Gefragte ohne Zaudern, „und daß diese das Geld zum Wohl des Klosters ganz passend verwendet hat, daran braucht Ihr, gnädiger Herr Schultheiß, nicht im mindesten zu zweifeln; sie wird das übrigens auch selber bezeugen."

„Zweifle nicht im mindesten," fuhr der Schultheiß fort, „mußte aber doch fragen. Jetzt wollen wir aber noch den Verteidiger der Klosterfrauen anhören. Der wohlehrwürdige Kirchherr von Wynigen, Wernher Stettler, hat das Wort; er ist geistlichen und weltlichen Rechtes kundig."

„Gnädiger Herr Schultheiß! Fromme, fürsichtige und biderbe Herren des Rats!" begann Herr Wernher seine Verteidigungsrede. „Da es mir als Kurator des Gotteshauses zu Kappelen im Forst obliegt, dasselbe gegen alle ihm zustoßenden Unbilden zu schützen und auch in allen Rechtshändeln vor dem hohen Rat meiner teuren Vaterstadt zu verteidigen, so darf ich, nach sorgfältiger Prüfung des vorliegenden Handels und aufmerksamer Anhörung der beiden Parteien, mich nicht weigern, meine Meinung hierüber offen auszusprechen; doch bitte ich hiebei um Eure geneigte Nachsicht, da einige von Euch mich im Alter übertreffen und in diesen juridischen Dingen auch erfahrener sind, als ich geringer Diener der Kirche. Der Sachverhalt im vorliegenden Prozeß scheint mir ziemlich klar zu sein und im Grund keiner langen Erörterung zu bedürfen.

„Den Kläger und seinen Charakter kennt Ihr alle wohl, seid auch soeben Ohrenzeugen gewesen, wie er mit seinen Schmähungen und ganzem Benehmen einen rohen und unkirchlichen Sinn verraten hat. Vor einigen Jahren hat dieser nämliche Maurer, wie Ihr wissen werdet, das Kloster im Forst durch Verwüstungen von Ländereien in arger Weise geschädigt, und es ist somit gut glaublich, daß er beim Abschluß seines Kaufhandels im Kloster sich die von der Schwester Elisabeth von Lindau angedeuteten unchristlichen und Ärgernis erregenden Reden erlaubt hat. Übrigens hat er jetzt dieses Vergehen so unter der Hand selber zugeben müssen, wie der verehrte Herr Schultheiß ihm soeben bemerkt hat. Wollte er sich den Abzug der streitigen 10 Pfund nicht gefallen lassen, so können wir ihn vor den geistlichen Richterstuhl ziehen, und dann müßte er sich auf ein noch schärferes und demütigenderes Urteil gefaßt machen. Ihr thätet darum besser, Meister Seiler, heute von Eurer Klage abzustehen, ich rate Euch, wenn Ihr kein überflüssiges Vermögen habt, das dringend an. Ihr habt doch, wenn Ihr Euch recht besinnen wollt, anfänglich selber eingewilligt, dem Kloster, zur Sühnung gegebenen Ärgernisses, zehn Pfund von der Kaufsumme zu überlassen. Was man aber einem Kloster schenkt oder gelobt, ist Gott geschenkt, laut kanonischem Recht, und darf ihm ohne schwere Verschuldung nicht wieder entzogen werden. So gebietet auch Gott in der heiligen Schrift, Ihm gethane Gelübde zu bezahlen. Wollt Ihr nun diese zehn Pfund, die Ihr Gott geschenkt habt, in eigennützigem Sinn wieder zu Euern Handen

nehmen, so macht Ihr damit Euer Vergehen noch
viel größer. Kann Euch das gleichgültig sein, die Ihr
bei Euerm vorgerückten Alter ernstlich ans Sterben
denken solltet? Besinnet Euch eines Bessern, damit
Ihr nicht als ein Kirchenräuber in die Grube fahret
und der göttlichen Gnade verlustig gehet!"

Die Rede des rechtskundigen Priesters verfehlte
ihren Eindruck auf den Kläger nicht, der gegen das
Ende den Blick zu Boden senkte. Da er nichts zu er=
widern fand, eröffnete der Schultheiß die Umfrage.
Fast alle Ratsherren sprachen sich zu Gunsten des
Klosters aus und verurteilten scharf das ganze Ge=
bahren Seiler's. Ein Gotteshaus mit so edeln und
frommen Schwestern, das die Gottseligkeit befördere
und weit umher den Armen helfe, müsse doch vom
Rat beschirmt werden, machte man geltend, sonst
könnte man noch mit dem Kaiser zu thun bekommen,
der dem Kloster bedeutende Rechte geschenkt habe. Die
Schwestern von Kappelen halten ja für viele ehe=
malige Bürger der Stadt und andere angesehene Ver=
storbene männlichen und weiblichen Geschlechts die
Jahrzeit und machen sich um deren ewiges Seelenheil
verdient. Sie verlassen sich dabei auf den mächtigen
Schutz Berns; wenn man ihnen nun gegen die Be=
leidigungen und Übergriffe roher und unchristlicher
Menschen nicht helfe, so werde bald keine Jungfrau

mehr Luft haben, in diesem Kloster für ihre letzten Tage eine Zuflucht zu suchen.

Einzig Johann Rieder, ein streitbarer Metzger von athletischer Gestalt, der sich in mehreren Fehden seiner Vaterstadt ausgezeichnet hatte, und Joh. Lischo, ein verschlagener Geldmäkler, nahmen die Partei des Klägers. Sie wollten zwar als wackere Christen nichts gegen kirchliche Gebräuche und Gottes Ehre gesagt haben und auch nicht Seiler in allem recht geben, fanden aber doch, man dürfe das Kloster nicht in allen seinen Händeln unterstützen, vor allem solle man ihm das Recht, Bußen zu erkennen, nicht zugestehen, sonst werde man die geistlichen Frauen zur Anmaßung und zu sträflichem Übermut verleiten. "Frömmigkeit sei ja recht und gut," so sprach sich Rieder aus, "allein was die Stadt bis dahin aus Not und Gefahren errettet und stark und angesehen gemacht habe, das sei der Mut, die Tapferkeit und Kriegstüchtigkeit ihrer Bürger. Wenn man schon die Burgen um die Stadt herum gebrochen und bei Laupen den verbündeten Adel aufs Haupt geschlagen habe, so seien die Zeiten immer noch gefahrdrohend, und es könnten Bern noch mächtigere Feinde erstehen. Da sollte doch der Rat, anstatt die zahlreichen Klöster und Stifte so sehr zu begünstigen, vielmehr die gehörige Bewaffnung und Ausrüstung der Bürger ins

Auge fassen, sowie auch eine mannhafte und kriegerische Erziehung der Jugend, und solle hiefür die Zünfte gehörig unterstützen; die seien der Stadt nützlicher, als die alten Klosterfrauen mit ihrem ewigen Singen und Beten."

Diese mit kräftiger Rede vorgetragenen Ansichten wurden von den übrigen Ratsherren, die tapfere Heerführer in ihrer Mitte zählten, gar nicht ungern angehört, und wer weiß, ob sie nicht durchgedrungen wären, wenn sie gleich beim Beginn der Verhandlungen laut geworden wären! Nun aber konnten die übrigen, vornehmern Kollegen, die sich bereits zu Gunsten des Klosters ausgesprochen hatten, nicht hintendrein gegen dasselbe stimmen, auch mochten sie nicht dem Schultheiß zuwider sein, der seine besondern Gründe zu haben schien, den Klosterfrauen, unter denen zwei seines Namens ihm nahe verwandt waren, seine Gunst zu bezeigen.

Die schließliche Abstimmung ergab darum ein bedeutendes Mehr dafür, den Maurer Seiler mit seiner Klage abzuweisen. Diesem blieb nicht viel anderes übrig, als sich zu unterziehen, und so erklärte er denn, von seiner Klage gegen Elisabeth v. Lindau auf immer abstehen zu wollen, wenn es der Rat so begehre, konnte sich aber beim Hinausgehen doch nicht nthilten, noch einige derbe Worte wider die thörichten

Beschützer der faulen und heuchlerischen Nonnen fallen zu lassen. Er verstieg sich zuletzt zu der Weissagung: „Wenn der Rat fortfährt, so Recht zu sprechen, so werden euch die Klöster an Reichtum und Macht noch über den Kopf wachsen und sie werden dann an eurer Statt im Lande herrschen und Bauern und Städter aussaugen. Gebt acht und wehret, die ihr weise und fürsichtige Herren genannt sein wollt, ehe es zu spät ist, sonst müsset ihr Ritter und Edelknechte euch noch unter das Joch der Mönche und Pfaffen und ihrer Metzen beugen." Diese letzten Worte erregten den Zorn einiger Ratsmitglieder; Peter von Krauchthal und die beiden Herren von Seedorf waren schon ergrimmt aufgesprungen und wären dem hinausgegangenen Maurer nachgeeilt, wenn ihnen nicht der Schultheiß ernstlich abgewehrt hätte.

Unter ehrerbietiger Verdankung des weisen und Gott wohlgefälligen Spruches eines Gerechtigkeit liebenden Rates verließ hierauf auch der geistliche Verteidiger mit Schwester Elisabeth die Ratsstube und geleitete seine Schutzbefohlene bis zu dem Übelhause ihres Klosters in der Mitte der Ägertengasse. Als er sich hier von ihr verabschiedete, steckte sie ihm schnell, ehe er es hindern konnte, einen kleinen Ring an einen Finger der Rechten und feuchtwarme Lippen auf die also geschmückte Hand drückend, verschwand sie in der dunkeln Hausflur mit den Worten: „Der Herr vergelte

Euch, ehrwürdiger Kirchherr, die treue und gewandte
Hülfe, die Ihr unserm Gotteshause aufs Neue geleistet
habt." Als der verdutzte Kirchherr das Fingerli be=
trachtete, siehe! da leuchtete ihm ein Smaragd und
eine kleine Perle daraus entgegen. „Das wird meiner
Haushälterin nicht besonders gefallen, wenn sie es an
meiner Hand erblickt; aber schön ist es doch! Wenn
ich nur die freundliche Geberin noch einige Augenblicke
länger hätte sehen und ihr mündlich danken können!
Jetzt kann ich mich nicht mehr hier aufhalten", mur=
melte Herr Wernher vor sich hin und wandte sich
langsam stadtabwärts dem untern Thore zu. Nur
wenige hundert Schritte von der Brücke auf dem
rechten Ufer der Aare stand sein von den Eltern er=
erbtes Haus in der sog. Sandfluh, wo sich gerade jetzt
auch eine seiner Schwestern, Margarita, des Herrn
Peter von Seedorf Gattin, die Mitbesitzerin des Hau=
ses, aufhielt. Hier wollte er die Nacht zubringen und
zugleich die ersten Vorbereitungen für seinen baldigen
Umzug treffen. Er fand seine Schwester im Garten
mit der Besorgung von Blumen beschäftigt und wurde
freundlichst begrüßt und bewirtet. Frau Margarita
billigte vollkommen den Entschluß ihres Bruders, sich
nächstens ganz hier in der Sandfluh niederzulassen.
„Du kannst ja hier in der Nähe der Stadt viel an=
genehmer und ruhiger leben, als in den Wyniger=
bergen unten im Land", fuhr sie dann fort, „und bist

eigentlich ein Thor, daß du nicht schon vor Jahren hieher gezogen bist. Aber nicht wahr? deine Grebe, die bäurische Werkaber, hat dich wohl bis dahin abgehalten, das Landleben aufzugeben?"

„Allerdings ist meine Haushälterin nicht gut auf den Umzug und die Sandfluh zu sprechen, aber sie wird sich aus Anhänglichkeit an mich doch zuletzt darein ergeben; daran zweifle ich nicht. Wenn nur die leibige Züglete schon vorüber wäre! Vor diesem Geschäft graut mir, offen gestanden, denn ich habe gar viel Hausrat."

„Nun, das wird sich schon machen", ermutigte Margarita lächelnd den geistlichen Bruder, „du hast doch keinen gräslichen Haushalt. Ich oder eine deiner Basen kommen dann zu dir nach Wynigen und helfen dir nach Kräften beim Ein= und Auspacken. Auch für Roß und Wagen zum Transport deiner vielen Möbel und Geräte werden unsere hiesigen Verwandten sorgen, wenn die Bauern da unten dafür Schwierigkeiten machen wollten."

„Das nehme ich gerne an; ich danke herzlich für deine große Gefälligkeit, liebe Schwester, und werde dir, wenn wir einmal in diesem freundlichen Häuschen zusammen wohnen, deine Dienste bestmöglichst zu vergelten suchen. Es ist mir nun wirklich ein Stein vom Herzen."

Die beiden Geschwister hatten noch manches wegen des beschlossenen Umzuges zu besprechen, und es wurde ausgemacht, daß derselbe in wenigen Wochen sogleich nach beendigtem Heuet vor sich gehen solle. Diesen Bericht brachte Herr Wernher Tags darauf seiner Haushälterin nach Wynigen und war nicht wenig verwundert, als sie seine Mitteilung ohne Widerrede entgegennahm.

Der oben erwähnte Beschluß von Schultheiß und Rat trug bald seine guten Früchte für das Kloster zu Kappelen. Schon acht Tage darauf, den 15. Juni, schenkten die Ordensschwestern Johanna und Elisabeth von Bubenberg, Töchter des verstorbenen Johannes von Bubenberg, des ältern, der Meisterin Katharina von Possenach und dem Konvent von Kappelen 20 Pfund, mit der Verpflichtung freilich, daß das Kloster die Jahrzeit ihres Vaters und dessen zwei Frauen, der Anna von Grünenberg und der Nicola von Maggenberg, ebenso der Frau Margarita von Strättligen und des Herrn Johann von Bubenberg, des jüngern, begehen solle. Der Konvent verkaufte ferner den genannten Schwestern von Bubenberg einen auf des Klosters Gut zu Bottigen errichteten Gült=zins von einem Pfund. Wernher Stettler hatte auch diesen Akt mit seinem Siegel zu versehen.

Kapitel IV.

Bei Wernher Stettler in der Sandfluh bei Bern.

> Hiob XII, 11. Prüfet nicht das Ohr die Rede und der Gaumen schmecket die Speise?
>
> Jacob III, 17. Die Weisheit von Oben her ist aufs Erste keusch, darnach friedsam, gelinde, läßt ihr sagen, voll Barmherzigkeit und guter Früchte, unparteiisch, ohne Heuchelei.

Es ist neun Jahre später a. 1379 wieder zur Sommerszeit. In einer offenen Reblaube, die sich vor Wernher Stettlers Haus in der Sandfluh hinzieht, sind zwei Männer in lebhaftem Gespräch begriffen. Sie achten nicht auf das malerische Bild, das die nahe, am jenseitigen Ufer des dunkelblauen Flusses sich hinaufziehende Stadt auf ihrer Nordseite darbietet; sie horchen auch nicht auf das Rauschen der reißenden Wogen, nicht auf den Gesang der Finken und Amseln in den nahen Obstbäumen. Stadt- und Kirchenangelegenheiten nehmen ihr ganzes Interesse in Anspruch. So vergessen sie auch dem Wein zuzusprechen, der in silbernen Kannen und Bechern vor ihnen auf dem Tische steht. Die beiden Sprechenden sind der Hausherr Wernher Stettler und sein Freund, der noch amtierende Schultheiß Ulrich von Bubenberg, der es liebte, hin und wieder seine Abendstunden bei dem einsichtigen und gelehrten Kirchherrn und Juristen zuzubringen. Hin und wieder erscheint die Haushälterin Greda Koler, um, wenn nötig, die Kanne nachzufüllen.

Jungfer Greda hatte sich nach längerer Zeit in die Lebweise am neuen Wohnort eingewöhnt und auch deren Annehmlichkeiten entdeckt. Und erst, als im Herbst des Jahres 1375 die schrecklichen Scharen der Engelländer oder Gugler ins Land eingefallen waren und den ganzen Aargau und Oberaargau bis über Burgdorf hinauf verwüsteten und brandschatzten, mußte sie doch die gütige Vorsehung preisen, die es ihrem Herrn eingegeben hatte, bei Zeiten von Wynigen fort und in eine sichere Gegend zu ziehen. Was hätte sie in Wynigen, das von den Guglern ebenfalls hart mitgenommen wurde, alles ausstehen müssen! Hier aber in der Sandfluh unter den Mauern Berns hatte ihnen niemand ein Haar gekrümmt. Ihre Gesundheit hatte bei dem Wohnungswechsel auch nicht gelitten, denn des Kirchherrn Haus lag gegen den

Nordwind geschützt und der Sonne zugekehrt. Kein Hans plagte und ärgerte sie mehr. Für die vermehrte Arbeit im Haus hatte ihr die neue Meisterfrau eine Untermagd beigegeben, und so hatte sie keinen schweren Dienst; der Gemüsegarten war bedeutend kleiner als in Wynigen, wo sie sich oft müde gearbeitet hatte. Frau Margarita von Seedorf, die zwar auf strenge Ordnung und Sparsamkeit gehalten, ihr aber dabei jederzeit großes Wohlwollen bewiesen, hatte vor einigen Jahren das Zeitliche gesegnet und seither führte Greda Koler wieder das Scepter der Haushaltung. Die musterhafte Treue und Fertigkeit in allen ihr obliegenden Arbeiten, die wir bereits an ihr kennen, fand besonders bei den weiblichen Gästen ihres Herrn, die sich oft im Hause sehen ließen, reiche Anerkennung, und der von ihr besorgte Garten ihres Herrn im Marzili wurde von allen Vorübergehenden wegen seiner Üppigkeit und praktischen Anlagen bewundert. Da sie zudem bei ihrem schon vorgerückten Alter sich immer noch einer ordentlichen Rüstigkeit erfreute, so hätte sie sich eigentlich glücklich schätzen können, und doch zeigten ihre Mienen die Spuren eines gewissen Kummers. Was fehlte ihr denn? Es dünkte sie, ihr sonst so freundlicher Herr, den sie mit immer gleichem Eifer und eigentlicher Hingebung zu befriedigen suchte, sei seit Jahren viel kälter gegen sie

geworden. Nicht, daß er sie gescholten oder auch nur
tadelnde Bemerkungen gemacht hätte, keineswegs! aber
er hatte keine anerkennenden Worte mehr für sie, sprach
überhaupt hier in Bern viel weniger mit ihr, als früher
in Wynigen. Sie wußte sich diese Änderung im Be=
nehmen ihres Herrn gar nicht anders zu erklären,
als daß er sich von Jemandem gegen sie hatte auf=
reizen lassen, und wer konnte das anders sein, als die
Klosterfrauen von Kappelen? Stattete der eifrige
Klosterpfleger doch häufige Besuche in jenem Gottes=
hause ab und hatte von demselben viele Geschenke er=
halten. Was hatten die „Fingerli", mit denen er bei
besonderen Gelegenheiten seine Hände schmückte, zu
bedeuten? Die gute Grede bedachte nicht, daß Herr
Wernher hier in Bern viel mehr als vorher mit
allerlei Geschäften überhäuft, weniger freie Zeit und
freien Kopf hatte, um sich der häuslichen Angelegen=
heiten, sowie ehemals in Wynigen, anzunehmen.
Heute war sie ganz besonders unzufrieden. Den
ganzen Tag waren Besuche gekommen, vormittags
ein Klosterbruder von Interlaken, der lange mit
ihrem Herrn sich unterredet hatte, später ihres Herrn
jüngere Schwester, Frau Klara von Murzenden, mit
Hensli Zigerlis Weib, des Hafners Tochter, einer
Patentochter des Herrn Wernher, und hatten da zu
Mittag gespiesen, dann gegen Abend noch der gnädige

Herr Schultheiß. Sie hatte viel kochen und aufwarten müssen und allen Fleiß angewendet, wie nicht bald einmal, und der Kirchherr hatte sich nur sehr wenig bedient, wie wenn er die Gerichte seiner Köchin nicht gut fände, noch weniger hatte er einen freundlichen Blick oder ein Wort für sie gehabt. War das nicht eine arge Kränkung, so für alle ihre Leistungen gar kein Zeichen der Anerkennung zu erhalten und vor den vornehmen Gästen so kalt behandelt zu werden? Jungfer Greda beschloß daher, ihren verehrten und ihr jetzt so fremd vorkommenden Herrn bei der nächsten Gelegenheit geziemend und doch allen Ernstes zu fragen, ob und was er an ihrem Dienst auszusetzen habe. Was hatte er auch jetzt, wo ja von keinem Krieg die Rede war, mit dem Schultheißen von Bubenberg so Wichtiges zu verhandeln?

Sie öffnete leise die auf die Laube gehende Thüre ein wenig. „Das kleine und so gering aussehende Kloster zu Kappelen im Forst wird jedes Jahr reicher und angesehener", hörte sie nun den Schultheißen sagen. „Die dortigen Nonnen können sich Eurer Pflege nur rühmen, mein lieber Herr Wernher. Seitdem Ihr dem Kloster zum Kurator gegeben seid, hat dasselbe fortwährend neue und zum Teil bedeutende Vergabungen erhalten. Bald nach jener denkwürdigen Ratssitzung, in der, wie Ihr Euch erinnern werdet, der grobe Maurer Seiler mit seiner Klage gegen das Gotteshaus auf Eure kräftige Verteidigung hin abgewiesen worden ist, bekamen wir zwei Vergabungen an dasselbe zu besiegeln. Die eine, nämlich von seiten der Witwe Abelheid Ruslina (Rüschlin), war ziemlich bedeutend. Nachdem sie schon im Oktober 1370 ihre ins Kloster aufgenommene Tochter Anna zur dereinstigen einzigen Erbin ihres gesamten beträchtlichen Vermögens eingesetzt hatte, was in Solothurn beurkundet worden ist, hat sie ein halbes Jahr darauf den Klosterfrauen zu Kappelen sieben Grundstücke zu Bußwyl und eine Hofstatt zu Büetigen dafür geschenkt, daß sie auf ihre Bitte die Greblin, Tochter Henslin Kürseners von Büren, als Schwester aufgenommen hatten.

Später kaufte das Kloster von Johann von Salvisberg mit Einwilligung seiner Herrin, der Frau Anna von Nydau, Gemahlin des Grafen Hartmann von Kyburg, alle seine Güter im Dorf und der Dorfmarch Marfoltingen; dann gewann es den letzten März vor unserm Rat einen Prozeß mit den hiesigen Burgern wegen eines Ackers im roten Riet und erhielt erst dieser Tage wieder eine neue Vergabung von einem halben Zehnten zu Jakobsbach von unserm löblichen Mitburger Cuno Thüring, der für sein, seiner Eltern und Vorfahren Seelenheil eine Jahrzeit stiften wollte. Ja, schon in den nächsten Tagen, wie ich vernommen habe, wird eine neue Vergabung der genannten Frau Abelheid Rüschlin vor unserm Gericht zur Verhandlung kommen. So kann das noch lange Zeit fortgehen. Das Kappelen-Kloster genießt allem Anschein nach weit herum ein großes Zutrauen, und meine Schwester Elsbeth, die gegenwärtige Meisterin, hat mir schon oft behauptet, daß das Kloster Eurer sorgfältigen Pflege und energischen Vertretung sehr viel zu verdanken habe, besonders, daß jetzt seine finanziellen Verhältnisse gut geordnet und gesichert seien. Das muß ich doch zur Steuer der Wahrheit bekennen."

„Nur zu viel Ehre, werter Herr Schultheiß!" erwiderte alsobald Herr Wernher, „wenn da etwas zu rühmen ist, so muß unser trefflicher Rat gerühmt werden, der mir in allen das Kloster betreffenden Händeln wacker zur Seite gestanden ist, ohne irgendwie gegenüber angesehenen Herren und Burgern Ansehen der Person zu üben. Bei so williger und kräftiger Unterstützung ist es mir ja eine Freude, dieses Klösterlein zu pflegen und zu schützen; auch rechne ich es mir zur nicht geringen Ehre an, und es soll mir eine Aufforderung zu neuem Pflichteifer sein, daß ich für meine vielfach gehabten Bemühungen im Interesse unseres Gotteshauses zu Kappelen solche Anerkennung finde. In meiner Parochie von Wynigen ist es mir nicht immer so gut gegangen, daß meine Pfarrkinder meine guten Absichten und meinen geistlichen Eifer geschätzt hätten. Das Kloster zu Kappelen ist mir aber auch wirklich lieb, wie einem Vater sein leibliches Kind nicht lieber sein kann. Dazu ist auch meiner seligen Schwester Tochter, Agnes von Seedorf, dort als Schwester eingetreten und die soll ihren Unterhalt recht haben. Darum ist es mir sehr angenehm, wenn das Kloster zu unserer Lieben Frau gedeiht und sich äufnet. Ergreift Euern Becher, gnädiger Herr, wir wollen auf dessen Wohl und langen Bestand trinken! Es soll gelten!"

Bei den letzten Worten hatten die beiden Herren im anstoßenden Zimmer das Geräusch von raschen Schritten und einer zugeworfenen Thür gehört. Greda hatte nicht länger anhören mögen, wie ihr Herr mit so viel Liebe von dem ihr so widerwärtigen Kloster und seinen Bewohnerinnen sprach, und sich mit verbittertem Herzen entfernt, um in einem einsamen Winkel ihren Groll ungestört austoben zu lassen.

Nach einiger Zeit nahm draußen in der Laube Herr Ulrich von Bubenberg wieder das Gespräch auf. „Die Klöster, wenigstens diejenigen, in denen christliche Zucht und Ordnung gehandhabt wird, sind unbestreitbar ein großer Segen für das Land. Sie dienen zur Verbreitung christlicher Erkenntnis, zur Förderung guter Sitte und tragen damit viel zum allgemeinen Wohl unseres noch rohen und groben Volkes bei. Bekanntlich geht es aber nicht in allen Gotteshäusern zu, wie es da zugehen sollte, sondern Habsucht und üppiges Leben dringen auch in diese heiligen Stätten ein. Ein Gotteshaus beneidet das andere und macht ihm seine Einkünfte und Rechte streitig. Der Reichtum an liegenden Gütern und allerhand Rechten, der unsern Klöstern zufällt, wird ihnen noch zum Fallstrick, anstatt zum Segen werden. Erst kürzlich hat ein Ulrich Boschant zu Wildersmyl dem Kloster Interlaken 50 Kühbergrechte auf der Alp Suls geschenkt, ebenso vor wenigen Jahren der Ritter Heinrich von Resti dem gleichen Kloster das Dorf Hofstetten, welches er von Junker Philipp von Ringgenberg zu Lehen gehabt, mit allen Zubehörden zu seinem und seiner Eltern Seelenheil. Ja, bis hier in die Stadt hinein reicht der Grundbesitz dieser Gotteshäuser. Zu Anfang des Jahres 1369 verkaufte Frau Elisabeth, Witwe Conrad Müllers von Unterseen, mit Handen ihres Vogts, dem Kloster Interlaken für 400 Pfund ihr Haus und Hofstatt hier an der Marktgasse, Sonnseite, obenher der Kreuzgasse. So fürchte ich auch für unsere Frauen zu Kappelen im Forst, sie könnten, wenn sich ihre Einkünfte stets vermehren, von der evangelischen Armut und Bescheidenheit ab-

kommen und dann mit dem Segen Gottes auch ihren
heilsamen Einfluß beim Volke allgemach einbüßen."

„O gewiß so lange nicht, werter Herr Schult=
heiß, als Eure ehrwürdige Schwester, Jungfer Eli=
sabeth, dem Kloster vorsteht. Die versteht auch etwas
vom Regieren und hält die Zügel fest in der Hand.
Für späterhin, wenn die Ordnung laxer werden sollte,
kann man diesen geistlichen Frauen eine strengere Or=
densregel geben oder sie der Aufsicht des Rats unter=
stellen. Das wird schon helfen. Wenn Ihr aber meinet,
das Kloster Interlaken sei so reich, so irrt Ihr euch;
in Wirklichkeit ist es stark verschuldet. Diesen Morgen
war ein Bruder von dort bei mir, um mich im
Namen des Propstes um Rat zu fragen, was er in
seiner Geldbedrängnis vornehmen solle. Tag und Nacht
arbeite er, um den großen Geldschulden des Klosters
abzuhelfen, und doch habe ihm letzthin ein Gläubiger
sein Pferd pfänden wollen. Da habe ich ihm geraten,
bei Euch und bei unsern Räten und Zweihundert
Hülfe zu suchen; ihr Ratsherren habt eben doch die
Macht und Gewalt in den Händen und seid gottlob
auch gut gesinnt."

„Ja, Ihr erinnert mich gerade daran, mein lieber
Kirchherr, wie sich der uns wohlbekannte Maurer
Seiler seiner Zeit vor unserm Rat über die sich so
sichtlich äufnenden Klöster in seinem Unwillen aus=

gelassen hat. Wißt Ihr noch? Er prophezeite uns, die Stifte und Klöster würden, wenn sie fortwährend vom Rat so begünstigt werden, diesem und dem ganzen Lande noch zu mächtig werden; der Rat sorge darum schlecht für das Volk, wenn er bei den Händeln der Klöster stets deren Partei ergreife."

„Aber, gnädiger Herr", entgegnete nun der Kirchherr, „Ihr werdet doch den im Zorn ausgestoßenen Worten eines rohen, ungeistlichen Menschen keine Bedeutung beilegen wollen. Die Kirche ist ja immer die beste Freundin der Menschen und Völker gewesen und hat mit allen ihren Einrichtungen und Ordnungen nur deren zeitliches und ewiges Wohl im Auge. Daß geistliche Übungen dem Menschen nachteilig seien, ist eine Lüge des Teufels. Schreibt nicht der Apostel Paulus in seiner ersten Epistel an seinen Gehülfen Timotheus im 6. Kapitel: Est autem quaestus magnus pietas cum animo contento? oder auf deutsch: Ein großer Gewinn ist aber die Frömmigkeit samt einem zufriedenen Sinne; und noch deutlicher in einer frühern Stelle desselben Briefes, Kapitel 4, Vers 5: Pietas ad omnia utilis est; d. h. die Frömmigkeit ist zu allen Dingen nütze. Wer will solchen Zeugnissen widerreden?"

„Aber das fortwährende Prozedieren wegen weltlicher Güter und Rechte, auch Liebeshändel und Tanzbelustigungen, wie sie den Nonnen an mehreren Orten nachgeredet werden, von noch Ärgerem zu schweigen, gehören doch nicht zu den geistlichen Übungen", wendete der Schultheiß gewandt dem schon triumphierend dreinschauenden Kirchherrn ein, „doch lassen wir jetzt das! Was ich habe sagen wollen, ist das: der irdische Besitz der in unserm Land so zahlreichen Klöster und Stifte, eben auch des Klosters Interlaken, das sich gerade mit seinen vielen Landerwerbungen so sehr in Schulden gestürzt hat, erregt immer mehr den Neid der Laien. So sind z. B. unsere Burger jedenfalls nichts weniger als zufrieden, daß sie ihre Ansprache auf den Acker im Roten Riet, den sie bis dahin zum Forst, dem anerkannten Besitztum der Stadt, gerechnet hatten, zu Gunsten der geistlichen Schwestern von Kappelen haben aufgeben müssen. Zwei Ausgeschossene des Rats hatten nämlich die Kundschaft abgegeben, daß der fragliche Acker dem Kloster angehöre. So hat der Rat — es geschah das erst vor wenigen Jahren — dieses Grundstück dem Kloster zusprechen müssen: Recht muß und soll Recht bleiben in unserem Gebiet. Das hindert aber habgierige und streitsüchtige Menschen gleichwohl nicht, über das Kloster gehörig zu wettern, und Ihr kennet die Bewohner unserer Stadt selber gut genug, um zu wissen, daß sie schnell Streit anfangen und sich selbst vor geistlichen Stiftungen nicht scheuen. So haben sie ja vor ungefähr 90 Jahren das Kloster zu Brunnadern verwüstet und a. 1295 im Frühling nächtlicher Weile das Kloster Marienthal auf der nahen Aarinsel überfallen und verbrannt, nachdem sie die Schwestern, die ihnen wegen ihrer großen Frömmigkeit und der häufigen Andachtsübungen zuwider waren, herausgetrieben hatten. Nichts konnten sie diesen frommen Schwestern vorwerfen, als daß sie öfters mit Frauen und ehrbaren Jungfrauen aus der Stadt abendliche Gebetsversammlungen hielten. Könnten sich jetzt, wo in einigen Klöstern Geiz und Habsucht und Schwelgerei einzureißen beginnen und Anlaß zur Unzufriedenheit geben, solche Überfälle und Plünderungen nicht leicht wiederholen? Dann müssen wir die Strafe des Kaisers befürchten, der solchen Friedensbruch nicht ungeahndet läßt, und schwerer als die letzten Male würden wir seine mächtige Hand zu fühlen bekommen. Er hat sich der Klöster jederzeit besonders angenommen."

„Ach, gnädiger Herr, Ihr schaut diese Verhältnisse gewiß viel zu schwarz an," suchte nun Herr Wernher den Schultheißen zu beschwichtigen, „unser Volk ist doch nicht mehr so grob und barbarisch wie im vorigen Jahrhundert. Es hat sich mit der Zeit an eine staatliche Ordnung gewöhnt, und was die Hauptsache ist, unsere hohe Regierung hat bedeutend an Macht zu=

genommen und genießt viel mehr Respekt; daran ist gar kein Zweifel."

„Dem mag nun sein, wie ihm wolle," schloß jetzt der Schultheiß seine Rede über diesen Gegenstand, „es kann nicht gut sein, wenn Geld und Güter im Lande den Klöstern zufallen und dieselben zu einer besondern Macht erheben. Wozu haben sie auch so viel nötig? Der Rat und die Burgerschaft müssen fortwährend große Summen ausgeben, um ihr Gebiet zu schirmen und zu erweitern; die Regierung muß fast an einem fort Kriegszüge ausrüsten und mit fremden Herren unterhandeln, muß auch hin und wieder Fürsten und Kaiser mit allen Ehren in unsern Mauern empfangen und sonst noch für manches sorgen. Das alles kostet schweres Geld, das man mit erhöhten Steuern von den Burgern und den Bauern eintreiben muß, wäh= renddem die Klöster und die sonstigen geistlichen Stif= tungen wenig genug oder gar nichts daran bezahlen. Das erzeugt Unwillen unter dem Volk. An einigen Orten hinwiederum ist das Volk von den Klöstern abhängig, weil es von ihren Gütern und Almosen lebt, und würde bei ernstern Streitigkeiten auch zu ihnen stehen und die Stadt bekämpfen. Gewiß! Der zunehmende Reichtum der zahlreichen geistlichen Stifte birgt Gefahren für das allgemeine Wohl in sich, und die müssen vom Rate bei Zeiten wohl ins Auge ge=

faßt werden, damit sie möglichst verhütet werden können. Das ist meine entschiedene Meinung."

„Nun denn, so thut im Rate, was Ihr für Eure Pflicht haltet," erwiderte Herr Wernher noch einmal; „so lange Ihr gewissenhaft Recht und Gerechtigkeit übt, so lange werden die Klöster, wie auch die Kirche, keine Klage führen. Ihre vom Kaiser und Reich garantierten Rechte und Freiheiten wird man nicht antasten können. Übrigens will ich nur noch daran erinnern, daß dieselben in manchem Punkt der bischöflichen Gerichtsbarkeit unterworfen und darum gar nicht so frei sind zu handeln, wie sie wollen."

Herr Ulrich von Bubenberg leerte seinen Becher und nahm dann unter herzlichem Dank von seinem Wirte Abschied. Herr Wernher ließ es sich nicht nehmen, seinen vornehmen Gast bis zum Thor zu begleiten, und erkundigte sich bei dieser Gelegenheit noch nach dem Lebensende des Maurers Seiler, von dem er gehört, er sei in dem Gefecht zu Fraubrunnen gefallen. „Dem ist allerdings so," entgegnete ihm der Schultheiß, der bei diesem ruhmvollen Kampf am 26. Christmonat 1375 die Berner angeführt hatte; „bei dem hitzigen Handgemenge in dem brennenden Kloster, wo ich ihn nahe neben dem tapfern Johann Rieder kämpfen sah, ist Seiler zwar unversehrt geblieben, aber als er nach erfochtenem Siege sich, um Beute zu machen, von unserm Gewalthaufen entfernte, ist er nebst mehreren andern trotzigen Gesellen von der Nachhut der fliehenden Gugler elendiglich erstochen worden. Er hätte das vermeiden können, wenn er sich hätte in die Ordnung fügen wollen."

„Ach, ach!" seufzte der mitleidige und versöhnliche Kirchherr, „Gott sei seiner Seele gnädig und lasse ihn nicht ewig büßen für seine vielen Frevel!"

Mit diesen Worten wandte er sich nach nochmaligem festem Händedruck zur Heimkehr. Es war schon dunkel geworden, und in den Wellen der Aare glitzerte der silberne Wiederschein des Mondlichtes. Im Herzen und in der Phantasie des Herrn Wernher aber arbeitete noch bis tief in die Nacht, was er von seinem Gaste alles gehört hatte, und es beschäftigte auch später viel seine Gedanken.

Kapitel V.
Wernher Stettlers Ende und Testament.

Vollendet war sein Leben,
Es nahte die letzte Stund;
Er lag in einsamer Zelle
Und sprach mit sterbendem Mund:

Herr, willst du mir vergelten
Die lange Lebenspein,
In deinen göttlichen Welten
Mir menschliches Glück verleih'n?

Willst du erstatten die Freuden,
Die ich im Leben entbehrt;
Mich trösten für alle Leiden,
Die mir das Herz verzehrt:

Laß mich in deinem Himmel,
Laß mich sie wiederseh'n,
Vor allen Menschen und Engeln
Ihr meine Liebe gestehn!
(Rónay.)

Wieder sind neun Jahre verflossen. Der wackere Herr Ulrich von Bubenberg war zwei Jahre nach jener ersten Unterhaltung in der Sandfluh im Juni 1381 gestorben. Wernher Stettler, der in diesem

Schultheißen nicht nur einen vertrauten Freund, sondern auch eine kräftige Stütze im Rat verlor, betrauerte tief seinen Hinscheid. Des Verstorbenen jüngerer Bruder, Otto von Bubenberg, der seit Ostern 1383 die Schultheißenwürde bekleidete, amtete zwar im gleichen Geiste fort, und in der Behandlung der Klosterfrauen von Kappelen trat vorderhand keine Änderung ein. Unter seinem Vorsitz hatte das Gericht von Bern den 11. Februar 1387 eine letztwillige Verfügung der Frau Adelheid Rüschlin, daß der Zehnten zu Mühledorf, Pfarrei Ätigen im Bucheggberg, nach dem Absterben von vier darin genannten Personen den Klosterfrauen von Kappelen zufallen solle, genehmigt, worauf das Siegel des Schultheißen angehängt wurde.

Jetzt im Herbst 1389 kehrte Herr Wernher wieder einmal von einer Visitation des Kappelenklosters nach Hause zurück. Die Angelegenheiten dieses Klosters beschäftigten ihn lebhaft.

Das Kloster hatte in den äußerlichen Angelegenheiten seinen guten Fortgang und für die wegsterbenden Schwestern stets neuen Ersatz. So war erst vor wenigen Jahren eine Jungfrau Ursula als Schwester aufgenommen worden, Tochter Johann's von Bümpliz, Burgers von Bern, und der Vater hatte dafür der Meisterin und den übrigen Klosterfrauen anderthalb

Schupposen in der Dorfmarch Bümpliz (freilich mit Vorbehalt des Rechts für den dortigen Hof) übergeben. Eine reichere Ausstattung hatte früher die Tochter des reichen Gerhard von Bern, Burgers von Bern und Thun, Namens Grede, ins Kloster von Kappelen gebracht, nämlich 5 Schupposen zu Niederwichtrach und ein Gütli, gelegen im Gehmen.

Aber die Rechtshändel, die mit dem Kloster angehoben wurden, wollten kein Ende nehmen. Erst vor einem Jahre war eine Streitigkeit zwischen den Klosterfrauen und Jenni Dückmann, angesessen zu Bern, wegen zweier Schupposen zu Wengistorf durch einen schiedsrichterlichen Spruch des Egidius Spielmann entschieden worden, wonach die streitige Liegenschaft nach Dückmanns Absterben, kraft der von dessen Schwester gemachten Vergabung, dem Kloster zufallen solle. Jetzt wollten sogar die Deutschordensherren in Köniz sich an dessen Gütern vergreifen und erhoben Anspruch auf den Zehnten von den dem Kloster gehörenden Grundstücken, sogar von neu aufgebrochenem Land. Wohin sollte das noch führen, wenn fort und fort habgierige Hände nach dem wohlerworbenen Besitz des Klosters sich ausstreckten und die geistlichen Frauen nur mit großer Mühe und mit fremder Unterstützung sich ihrer Rechte erwehren konnten? Und er, der Kurator, machte sich durch seine Verteidigung des so stark bedrohten

Gotteshauses auch bei vielen Personen verhaßt. Das machte unserm Herr Wernher schwere Gedanken, und in seinem Nachdenken hielt er sein Pferd öfters an, ohne es nur zu merken. Erst nach eingetretener Dunkelheit kam er in die Stadt, wo er das Pferd bei einem herrschaftlichen Stalle abgab. Nachdem er noch bei einem Kranken am Stalden einen seelsorgerlichen Besuch abgestattet, eilte er über die Nydeckbrücke nach Hause. Er freute sich der bejahrte Mann, nach des Tages Last und Arbeit sich daheim der Ruhe hingeben zu können. Er sollte sie nicht so bald genießen.

„Schönen guten Abend, Jungfer Grede!" so trat er freundlich grüßend durch die Hausthüre und, um seine Haushälterin gut zu stimmen, setzte er noch hinzu: „Ich bringe einen guten Appetit heim; du hast mir gewiß etwas recht Gutes bereit, nicht wahr? auch das Haus brav gehütet?"

„Gekocht habe ich, wie ich es gewohnt bin. Wenn aber Suppe und Fleisch jetzt halb verbrannt sind, so ist es nicht meine Schuld; so spät seid Ihr noch nie heimgekommen. Es verwundert mich, daß sie Euch noch zum Stadtthor hinausgelassen haben."

„Bringe die Suppe nur herein! Das Essen wird schon gut sein, ich habe meines Amtes warten müssen und habe die Klosterfrauen zu Kappelen besucht, mit denen ich viel zu besprechen hatte."

„Habe ich mir doch gedacht, daß Ihr wieder dort wäret. Da vergeht Euch die Zeit immer so schnell, daß Ihr nicht wisset, wie spät es ist. Ob aber die Köchin unterdessen warten und vor Langeweile fast vergehen muß, dem fragt man nichts nach. Was haben Euch die lieben Schwestern dieses Mal geschenkt? Etwa ein Paternoster von Korallen, oder wiederum ein nettes güldenes Fingerli? Ja, ja! recht kurze Zeit gehabt! In den Klöstern weiß man sich zu unterhalten; habe auch schon erzählen hören, wie es in den beiden Klöstern zu Interlaken bisweilen lustig zugeht."

„Was geht dich das an? Stelle du jetzt das Nachtessen auf!" befahl der Kirchherr in schärferm Ton.

„Ja, Ja, sogleich! Aber mit Fischlein und Krebsen wie in den Klöstern kann ich Euch leider nicht aufwarten, wohlehrwürdiger Herr, und verstehe es auch nicht, Euch so schön und geistreich zu unterhalten, wie eine vornehme, geistliche Schwester."

„Daß du mit deinem unverschämten Maul . . . .! Was für ein Teufel ist heute in dich gefahren, Grede?" platzte Herr Wernher, dem die Geduld auszugehen anfing, nun heraus.

„Allerdings habe ich keine so feine Rede, wie eine Klosterfrau; ich bin halt eine grobe Landjungfer, aber für mein gutes Recht werde ich mich doch wohl wehren dürfen. Über dreißig Jahre diene ich Euch

schon, wohlehrwürdiger Herr, und habe meinen Dienst
treu und fleißig besorgt, wie Ihr es selber werdet
zugeben müssen; keine Arbeit war mir zu beschwerlich
und nichts zu viel, auch wenn das Haus voll Gäste
war. Ich meinte Eure Zufriedenheit und Wohlgefallen
zu erwerben, aber seit mehreren Jahren schon," so
fuhr sie nun mit Schluchzen fort, „seid Ihr merklich
kälter gegen mich geworden; kaum nehmt Ihr euch
Zeit, einige freundliche Worte mit mir zu wechseln,
und mögt mir auch sonst kein Zeichen der Anerkennung
mehr zukommen lassen. Am Geld ist mir nicht gelegen,
so lange ich gesund bin und arbeiten kann. Mit dem
Lohn bin ich völlig zufrieden, aber so Tag um Tag
und Jahr um Jahr dienen zu müssen, ohne irgend
welche Anerkennung und Aufmunterung von meinem
Dienstherrn zu empfangen, das kann ich länger nicht.
Ich sehe es schon, die geistlichen Schwestern haben
Euer Herz ganz eingenommen und mir gestohlen;
sie haben Euch wahrhaftig gegen mich aufgereizt, um
bei Euerm seligen Hinscheid möglichst viel erben zu
können."

„Dummheiten das, Grede, was ersinnst du nicht
alles! hör mich jetzt an, verstehst du?" fiel jetzt Herr
Wernher seiner Köchin unwillig in die Rede, ohne
jedoch deren Redestrom hemmen zu können. Noch viel
heftiger fuhr dieselbe fort:

„Gället (nicht wahr?), wohlehrwürdiger Herr Pfarrer, das sollte man nicht merken? Aber so einfältig bin ich nicht, wenn ich schon in keinem Kloster aufgewachsen bin, und ich, die langjährige, treue Köchin und Haushälterin, die Euch auch in kranken Tagen immer gepflegt hat und Euch bis ans Ende, so Gott will, pflegen und besorgen wird, ich lasse mich von diesen verflixten Nonnen nicht so ausstechen und will mich am Ende nicht leer abfertigen lassen. Nein wahrlich, so wahr ein gerechter Gott im Himmel lebt, das geht nicht an; das soll bei meiner Seele und bei allen Heiligen nicht erlaubt sein! Diesen scheinheiligen Frauen in Kappelen, diesen Erbschleicherinnen und H...., denen will ich noch ihr schnödes Handwerk legen, ja wohl! Verklagen will ich sie, die Hexen! Schultheiß und Räten will ich hinterbringen, was sie im Sinn haben; schon zu lange habe ich das gehen lassen."

Die letzten Worte hatte Grede mit laut schallender Stimme und hoch geröteten Wangen ausgestoßen, die Rechte, welche eine hölzerne Kelle hielt, wie drohend erhoben; sie zitterte am ganzen Leib. So hatte Herr Wernher sie noch nie gesehen. Er fürchtete schier für ihren Verstand und hielt es darum vorderhand für besser, sie nicht durch eine scharfe Zurechtweisung, wie sie es verdiente, noch mehr zu reizen.

Indem er sich begnügte, der Wütenden mit entschie=
denem Tone ein „Still, still einmal! Ich will gar
nichts mehr von dir hören!" zuzurufen, begab er sich,
das Essen verschmähend, sofort in sein Arbeitszimmer.
Hier warf er sich in einen Lehnstuhl und versank in
langes Sinnen und Träumen, während im Hause
noch etliche Thüren zugeschlagen wurden, und Gredens
schallende Stimme einem fernen Donner gleich ganz
allmählich verhallte.

Wernher Stettlers Studierzimmer, das ihm zu=
gleich zum Schlafen diente, war nicht besonders ge=
räumig und wurde durch einige kleine Fenster erhellt.
Seine Auszeichnung war — eine Seltenheit in jener
der Buchdruckerkunst noch entbehrenden Zeit — eine
kleine Bibliothek. Sie bestand aus 40 größern und
kleinern, meistens in Pergament oder Schweinsleder
eingebundenen Werken, wie lateinische und griechische
Klassiker, einige Kirchenväter und kirchliche Canones
in groß Folio, daneben einige stark angegriffene An=
dachtsbücher und Psalterien in kleinem Format. Ein
großes Kruzifix über dem Bett, einige an den Wänden
aufgehängte Rosenkränze oder Paternoster, eine grell
gemalte Madonna und ein kunstreich geschnitzter, höl=
zerner Becher bildeten den ganzen Schmuck des von
hölzernen Wänden eingeschlossenen Zimmers, in wel=
chem zwischen der einfach gezimmerten Bettstatt und

dem massiven Tisch mit einem einfachen hölzernen Stuhl noch ein Trog (größere Kiste) und eine kleine schwarze, mit Eisen wohlbeschlagene Lade zu sehen waren. Hier war für unsern rechtskundigen Priester sein Heiligtum, wo er seinen theologischen und juristischen Studien oblag, seine nicht geringe Korrespondenz besorgte und auch fleißig des Gebetes pflegte. Endlich richtete sich Herr Wernher in seinem Stuhle auf und tief aufseufzend begann er also für sich zu reden:

Daß ich doch kein freundlicheres Heim habe! Komme von allerlei amtlichen Ausgängen und oft sehr mühsamen Geschäften geistig abgespannt und müde heim, bisweilen später, als mir selber lieb ist, und muß mich dann von diesem wahren Hausdrachen wie ein Missethäter anknurren und ausschelten lassen, daß mir der Appetit und jegliche Freude verdorben wird. Das habe ich nun schon lange mit allzu großer Geduld hingenommen, und jetzt dieser schmähliche Auftritt, der über alles Maß hinausgeht! Das darf nicht länger so fortgehen, wenn nicht noch meine vom Alter bereits angegriffene Gesundheit darunter leiden soll, nein, gewiß nicht! Ein solches Benehmen muß irgendwie geahndet werden, sonst müßte ich, Kirchherr und Jurist, am Ende mich vor mir selber schämen! Habe mein ganzes Leben lang treu der Kirche gedient und dabei das geistliche und auch das leibliche Wohl meiner Gemeindeglieder, sowie meiner Verwandten zu fördern gesucht, habe mehreren Klöstern in schwierigen Angelegenheiten mit meinem Rate beigestanden und mich besonders in aller Ehrbarkeit der Klosterfrauen zu Kappelen immer nach Kräften angenommen, und muß mich dafür von meiner Haushälterin, die ich seinerzeit aus dem Elend herausgezogen habe, schlecht machen lassen, muß es zu Hause böser haben als mancher arme Bauersmann, böser als irgend ein ungebildeter und ungeschlachter Laie! Ein solcher, wenn er abends von seiner Arbeit heimkommt, wird doch von seinem treuen Weibe herzlich empfangen und kann vor ihm, seines vollen Verständnisses versichert, sein Herz ausschütten, ja es sind ihm wohl gar muntere Kindlein mit Jauchzen entgegengesprungen, hangen liebkosend an seinem Halse und wissen ihm von allerlei zu plaudern, was den Tag über vorgegangen ist. Welcher Jubel erst, wenn er ihnen irgend etwas zum Geschenk heimgebracht hat! In solcher Gesellschaft, mitten unter seinem eigenen Fleisch und Blut wird die einfachste Mahlzeit zum Freudenmahl, und unter herzlichen Worten, Wünschen und Küssen wird der Tag beschlossen. So wird auch die Hütte des Armen zu einer heiligen Stätte geweiht, wird ein Bethel, wo die Engel Gottes auf unsichtbarer Leiter auf= und niedersteigen.

Warum sind uns Klerikern solche Freuden versagt? Warum sollen eigentlich die Priester ehelos bleiben? Das war ja nicht immer so. Der große Apostel Petrus hatte ein Weib, das ihn sogar auf seinen Reisen begleitete, und Paulus, wenn er es schon vorzog, ledig zu bleiben, hat doch niemandem verboten, zu freien, wohl aber diejenigen für Lügenredner erklärt, die gebieten, sich der Ehe zu enthalten. Sagt er nicht auch in seiner ersten Epistel an seinen Gehülfen Timotheus deutlich: Der Bischof soll sein Eines Weibes Mann!? Erst nach mehreren Jahrhunderten ist das Cölibat von den Päpsten vermeintlich zur Reinigung der Kirche und zur Befestigung ihrer Macht und ihres Ansehens den Priestern aufgedrängt worden, und in unsern Tagen meint fast jedermann, die Ehelosigkeit des Klerus sei eine göttliche Ordnung. Wenn nur die Priester die heilige Schrift besser kennten! Aber es gibt ja deren, die kaum lesen können. Das wird und muß noch anders kommen! Welcher Wust von Unsittlichkeit wuchert unter der so geistlich scheinenden Decke des Cölibates, ein viel ärgerer, als allgemein bekannt wird, und schon an dem wäre genug und übergenug! Und was haben die zu leiden, welche sich aufrichtig in diese kirchliche Ordnung schicken und mit allem Ernst und heiligem Eifer ihr Fleisch kreuzigen! Auch das so hoch geschätzte Klosterleben, wenn es schon für viele wilde Naturen eine heilsame Zucht ist und als eine Schule christlicher Tugenden gepriesen werden kann, schützt auch nicht ganz vor argem Unfug und wüsten Ausschweifungen. Die Ordensgelübde sind eben doch für manchen Bruder, für manche Schwester ein drückenderes Joch, als sie sich von vornherein vorgestellt haben, und sollten besser einen nicht für das ganze Leben verpflichten. Jetzt hält es allzu schwer, in den Klöstern die genaue Beobachtung der Ordensregeln durchzuführen und allen Ungehörigkeiten zu wehren. Vielerorts befördern die Klöster nur den Müßiggang, und schöne Geisteskräfte, die im Verkehr mit der Welt und im öffentlichen Leben gesegnet wirken könnten, müssen da, indem sie brach liegen, verkümmern.

Noch eher lassen sich die **Frauenklöster** rechtfertigen, wenn sie wenigstens die Schwestern nicht gar so jung aufnehmen. Einsam stehenden oder irgendwie bedrängten, in Not befindlichen Jungfrauen gewähren sie ein ruhiges und sicheres Asyl, in dem sie den Rest ihres Lebens ohne Sorgen zubringen und ungestört ihrem Gott und Heiland dienen können. Leider werden sie öfters zur Unterbringung von begüterten Erbinnen mißbraucht, deren Vermögen dann zum größern Teil habgierigen Eltern oder Brüdern zufällt. Wie manche holde, tüchtige Jungfrau, die vortrefflich einen Haushalt leiten und einen Mann glücklich machen könnte, wird so überredet, um ihres Seelenheiles willen den Schleier zu nehmen! Wie sie sich dann im klösterlichen Leben befinden, ob sie dabei eine innere Genugthuung empfinden oder nicht, das weiß Gott! So eine Katharina von Possenach oder Elisabeth von Bubenberg, die zu Kappelen Meisterinnen waren, die hätten doch herrliche Hausfrauen gegeben! Und du, teure Elisabeth von Lindau, mir so wert gewesen, schade, daß du nicht mehr auf Erden weilst! Ja du ....., aber es ließ sich nicht anders machen! Ob wir uns auch in einer bessern Welt wiedersehen werden?

Jetzt lebt meine Nichte Agnes von Seedorf schon seit einigen Jahren in jenem Kloster. Wohl, die soll keinen Mangel leiden! Die soll es zu genießen bekommen, daß mich Gott mit irdischen Gütern gesegnet hat! Sie soll lebenslänglich den Nutzen von dem haben, was ich dem Predigerkloster zur Stiftung einer Seelenmesse in meinem Testament vergabt habe, und dieses Kloster soll dagegen als Pfand für die ihm nach dem Tod der Agnes zufallenden Güter meine Bücher erhalten, ebenso das beste Hausgeräte. Die guten Predigermönche sind gar nicht zu gelehrt; sie sollen zum eifrigen Studieren veranlaßt werden, damit sie etwas mehr Bildung erhalten und vor allem die göttliche Wahrheit besser kennen lernen.

Ein Familienvater hat Freude und Interesse, Geld und Güter zuerwerben, weil er weiß, daß sein Vermögen später seinen Kindern und Kindeskindern, seinem Fleisch und Blut, zukommt, und er sich damit auf lange Zeit hinaus ein dankbares Angedenken verschafft, — ich aber, ohne Nachkommenschaft, einem verdorrten Stamme gleich, werde wahrscheinlich bald vergessen sein, und meine Schätze und Ländereien müssen in fremde Hände übergehen; wer wird mir in einigen Jahrzehnten noch Dank wissen, wenn mein Name kaum noch genannt werden wird? Die Liebe von Vettern, Schwägern, Basen und Patenkindern ist nicht die Liebe von Kindern; doch, ich will machen, was ich kann, um mir nach meinem vielleicht baldigen Ableben ein dankbares Andenken zu sichern und auch mein ewiges Seelenheil zu fördern. So viele Verwandte, wie ich hier habe, ist es mir leicht möglich, in weitem Kreise Gutes zu stiften.

Der liebste Vetter war mir Johannes Stettler, dem ich vor mehr als dreißig Jahren zur Pfarrei Leuxingen oben am Thunersee verholfen habe. Der ist leider schon vor mehreren Jahren gestorben, sonst hätte ich ihm gern den größern Teil meines Vermögens vermacht. Er war ein braver Mann und ein eifriger Diener Gottes und hat mich nicht, wie andere, in Schaden gebracht. Da er vorher Mitglied des deutschen Ordens war, so mußte ich dem Propst und Kapitel des Interlakner-Klosters, als den Kollatoren von Leuzingen, für allen Schaden, der ihnen aus dieser Wahl ab Seite des deutschen Ordens erwachsen könnte, Verbürgung und Gutsprache leisten. Es verwundert mich sehr, daß die sonst so geldgierigen deutschen Herren mich seither für nichts belangt haben. Den Leuten in Wynigen, die wahrscheinlich auch auf einen Teil meines Erbes passen, glaube ich nichts schuldig zu sein; ich habe ihnen seinerzeit viel Gutes erwiesen, wofür sie mir nicht einmal danken mochten, und jetzt sind es schon über zehn Jahre, daß ich meinem Vikar zulieb, den ich bei meinem Wegzug von Wynigen dort habe ernennen lassen, auf die Kirchherrnstelle ganz verzichtet habe. Die dortige Gemeinde mag sich nun an meinen Nachfolger, Konrad von Rotwyl, halten, wenn sie Hülfe bedarf! Oder soll ich für das dortige Kirchengut irgend eine Liegenschaft vermachen? Allein das ist ja dem St. Ursenstift zu Solothurn übergeben worden und geht mich jetzt um das weniger an.

So sollen denn meine Vettern und Basen mich beerben, wie ich es in meinem Testament schon anno 1380 notiert habe. Die Herren Kuno von Seedorf,

Ludwig von Seftigen und Petermann von Krauch=
thal, der vielleicht bald an die Spitze unserer Burger=
schaft gestellt werden wird, meine Base Verena von
Seedorf und Johann Schenko des Rats, der Ältere,
diese fünf sollen ohne Unterschied zu gleichen Teilen
alle meine Flaschen und zinnernen Schüsseln erhalten.
In mein Silbergeschirr sollen sie sich also teilen:

1. Mein Vetter Kuno von Seedorf bekommt den
hohen, wohlbeschlagenen, bessern fladrin (maserigen)
Köpff (Becher, coupe), wenn er mich überlebt;

2. Ludwig von Seftigen, wenn er mich
überlebt, den besten fichtenen, beschlagenen, hohen Köpff
und eine vergoldete Rose; sein Weib, meine Gevat=
terin, den gevierten goldenen Ring, und ihre Tochter,
mein Patenkind, ein parillin (perlenes) Paternoster.

3. Item mein Oheim Petermann von
Krauchthal einen silbernen Köpff und eine ver=
goldete Schale, ob er mich überlebt; item einen goldenen
Juwelenring und seine Schwester von Erlach einen
goldenen, geschrenkten (ineinander gewundenen) Ring.

4. Item meine Base Verena von Seedorf
die bessere vergoldete Schale und eine silberne Schale
mit einem Kleeblatt und mein bestes Fingerli mit
dem Smaragd und einen inwendig beschriebenen Ring
von 2 Gulden Wert; item das geschnitzte Kistli mit
einem Malenschloß und einen silbernen Löffel.

5. Item Johann Schenken meine beschlagene Kiste, die neue, oder einen flabrin Köpff, der mindern einen, und eine silberne Schale mit einem Kleeblatt, item einen Ohrgrübel, item ein schwarzes, wohlbeschla= genes Lädeli (kleine Kiste) und einen silbernen Löffel. Auch der junge Schenk, sein Vetter, der Gerichts= schreiber, soll, ob er mich überlebt, eine silberne Schale mit einer eingegrabenen Rebe erhalten.

Meine übrigen Verwandten sollen auch nicht leer ausgehen. Mein Oheim Ludwig von Lindnach und seine Kinder, meine Muhme von Krauchthal, die Keßlinen=Schwester, der ich im Testament ein güldenes Ringlein bestimmt habe, ist nun gestorben; deren Tochter, Klosterfrau zu Kappelen, soll drei kleine gol= dene Ringli erhalten und das Paternoster mit den roten Korallen. Vor allem aus sollen meine Schwe= ster von Murzenden und meine Nichte Agnes von Seedorf wohl bedacht werden. Dieser habe ich, wenn ich nicht irre, eine silberne Schale mit ihrem Wappen vermacht, welche ihr nicht wenig Freude be= reiten wird, und die Schwester erbt einen goldenen Ring von 5 Gulden Gewicht, inwendig mit Buchstaben, item ein Fingerli mit einem Granat, ein rotkoral= lenes Paternoster und das weißbeschlagene Lädeli, das schon meine Eltern besessen haben. Was habe ich eigentlich sonst noch für Gefreundte und Verwandte?

Aha! Noch eine Gotte (Patenkind), Hafners Tochter, die Frau von Hensli Zigerli oder von Ringoltingen! Der habe ich, glaub' ich, einen 3 Gulden wiegenden Ring ausgesetzt. Ich will doch nachsehen, was ich geschrieben, und ob ich niemanden vergessen habe.

Herr Wernher erhob sich und zog aus der schwarzen Lade eine mit seinem Siegel versehene Pergamentrolle hervor. Als er dieselbe geöffnet, las er

A. Das ist der Husrat:

Primo den Prebiern (Prediger oder Dominikanerkloster): das gröst bette, das ich laß, und darnach aber der gröften eines; item das größte küssi, den lengsten hoptpfulwen (Hauptpfühl, =kissen) und aber ein küssi; item 10 linlachen, dero sechsi von flachs; it. die besten wißen guter; it. was man unversnitten zu tischlachen oder twehellen vindet; it. den größten hafen, den ich hab; it. das größte kessi, u. s. w. u. s. w. Das ist mein bestes Küchengeräte. Das soll so bleiben. Die Klosterherren zu Prebiern haben eine große Küche und können mein Geschirr gut gebrauchen. Hierauf kommt

„Item Grede Koler", also meine Jungfrau! Dieser groben und undankbaren Person habe ich viel vermacht, nämlich: — „meiner mindren Betten eines, dergelichen so ich hab; it. zwein halbbettige pfulwen, it. eine hobtpfulwen; it. zwei hobtküssi, it. ein wiße tucher (Korb), it. acht linlachen unber ben kuchlinlachen sol si weli nemen; it. ber tuchen, so sien rot ober grawe, brü tüchen, it. ein grün tuche, welches si haben wil; it. zwein hefen, weli si wil, usgenommen die eiren (ehernen) hefen; it. ein möschin pfannen, die si wil, und zwei minbre möschin pfannen; it. ein meßig und zwei halbmeßige pfannen; it. min kisten mit ben ketlinen; it. Greben ein librin (leberne?) flaschen; it. das minst rot krallipaternoster mit zwei krüzlin, und ein fingerli mit ein smaragt und klein berla; it. ein fingerli mit einem granat und eis mit einem saffirlin; it. minen ring, ben ich an ber hand hab."

Außer allen diesen Sachen erbt Grebe auch von meinem Silbergeschirr nach meinen Vettern und Basen „die minste übrige gülte und die minste silbrin schalen, und ouch ein beslagen offnen napff köpff". Die nimmt also einen schönen Teil meines Hausrates weg und meint jetzt, einst leer aus meinem Hause gehen zu müssen. Sogar ihrem Patensohn habe ich einiges Bettzeug und Küchengeräte vermacht. Gewiß, ich habe meine Haushälterin, die sich gegenüber mir solche Grobheiten und Unverschämtheiten zu Schulden kommen läßt und schon seit langer Zeit alles regieren will, nur zu reich bedacht, und es ist gar wohl mög=

lich), daß sie auch von meiner Nichte Agnes, die bei ihrer elenden Gesundheit kaum alt werden wird, noch manches schöne Stück erben kann. Ei, wie wird sie sich dann reich und vornehm dünken! Gearbeitet hat sie ja immer fleißig und mir immer mit aller Treue gedient, das ist nicht in Abrede zu stellen und soll auch nicht unbelohnt bleiben, aber ihr anmaßendes Wesen mag ich auch nicht fördern und sie gar noch hochmütig machen. Etwas muß bei ihr geändert werden. Einige Bettstücke und Pfannen weniger, das thut's auch, ebenso könnte ich ihr zwei Ringlein und die silberne Schale durchstreichen mit einer ausdrücklichen Erklärung. Herr Wernher legte das Testament auf den Tisch, ergriff eine Feder, wollte schreiben, besann sich aber wieder, murmelte etwas von Nachsicht üben und vergeben und — sank auf einmal bleich und regungslos in sich zusammen und bald darauf zu Boden. Der Schlag hatte ihn getroffen.

* * *

Tags darauf wartete Greda lange vergeblich auf ihren Herrn, der sonst immer früh zur Morgenmahlzeit gekommen war. Sie stieg die Treppe hinauf, um vor seinem Schlafzimmer zu horchen, und als sie nicht das geringste Geräusch hörte, stieg sie ebenso leise wieder in die Küche hinunter. Immer noch etwas bittern Gemütes erging sie sich in allerlei Mut=

maßungen, was wohl ihrem im tiefsten Grund doch
geliebten und hoch verehrten Herrn zugestoßen sein
könne, denn daß es etwas Ungutes gegeben habe, das
schien ihr sicher zu sein. „Am Ende haben ihn die
verwünschten Klosterfrauen gar verhext oder zu Tode
gebetet, um desto schneller in den Besitz seines Ver=
mögens zu kommen! Ich muß doch in sein Zimmer
gehen und nachsehen, was der wohlehrwürdige Herr
eigentlich macht. Es geht ja beim Tausend schon
gegen Mittag; die elf Uhr Glocke der Leutkirche hat
bereits vor einiger Zeit verläutet." Bei diesen Worten
stieg sie noch einmal in das obere Stockwerk hinauf,
und als sie auf wiederholtes Pochen keine Antwort
erhielt, nahm sie sich ein Herz und trat ins unver=
schlossene Zimmer. Welcher Anblick! Da lag ihr
lieber Herr ausgestreckt hinter dem Tische am Boden,
Blut im Munde. Kein Lebenszeichen gab er mehr
von sich, auch nicht, als sie ihn bei seinem Namen
rief; die Augen waren gebrochen. Kein Zweifel mehr,
er ist tot! Mit einem lauten Schrei wirft sich die
treue Magd neben dem regungslosen Leib nieder und
fühlt, daß er kalt und steif ist. Händeringend fängt
sie an zu schluchzen und befiehlt inbrünstig die Seele
ihres Herrn der Gnade Gottes und der Fürbitte der
heiligen Jungfrau Maria. Da steigt in ihr der Ge=
danke auf, der unliebsame Auftritt vom gestrigen Abend

könnte sein Lebensende herbeigeführt haben, und aufs
Neue beginnt sie, und noch viel heftiger, zu weinen und
zu heulen und verwünscht laut ihre Heftigkeit und
ihren Argwohn. Sie wankt zur Thüre und zum
Hause hinaus, um frische Luft zu schöpfen. Bald
aber wurden ihre schmerzlichen Gefühle von dem Ge=
danken überwogen, was jetzt zu thun sei. Sie eilte
in die Stadt, um den zunächst wohnenden Verwandten
den plötzlichen Hinscheid Herrn Wernhers anzuzeigen,
und zu den entferntern, sowie ins Kloster zu Kappelen
sandte sie Boten mit der traurigen Kunde. Dann
kehrte sie wieder heim, um ihren verstorbenen Herrn
mit Hülfe eines Nachbarn zu entkleiden und in ein
Leichentuch zu hüllen, und um für die erwarteten Be=
suche einen Imbiß zu rüsten.

Gegen Abend war eine beträchtliche Anzahl von
Vettern und Basen und Göttinen des Verstorbenen
in dem Trauerhause in der Sandfluh versammelt.
Weinend und klagend umstanden sie die teure Leiche
und wollten immer und immer wieder vernehmen,
was der wohlerwürdige Herr Vetter am letzten Abend
noch alles gemacht und gesagt habe. Es wollte ihnen
scheinen, als ob die Haushälterin, die unablässig aus=
und einging, ihnen keinen klaren und ausführlichen
Bericht hierüber geben wolle, was sie deren über=
großen, sinnverwirrenden Traurigkeit zuschrieben. Die

einen behaupteten, Herr Wernher sei noch in den
letzten Tagen so munter und rüstig gewesen, während
andere bemerkt haben wollten, daß sein Aussehen sich
in der letzten Zeit bedeutend verschlechtert habe; auch
habe er hin und wieder Äußerungen fallen lassen, daß
er sein Ende herannahen fühle.

Bald bemerkten sie das offene Testament, das
Herrn Wernher bei seinem Schlaganfall aus der Hand
gefallen und auf dem Tisch liegen geblieben war. Die
des Lesens unkundige Haushälterin hatte demselben
keine besondere Aufmerksamkeit geschenkt. Es wurde
einem anwesenden Priester überreicht, daß er es der
Gesellschaft vorlese. Wir dürfen der menschlichen
Schwachheit der Versammelten schon so viel Rechnung
tragen, daß wir annehmen können, die bei den meisten
ganz aufrichtige Trauer sei auf die Kenntnisnahme
von den mannigfachen und zum Teil reichen Ver=
mächtnissen des guten seligen Kirchherrn ziemlich ge=
mildert worden, und bald habe sich das Gespräch um
die ererbten Geräte und Kostbarkeiten gedreht; auch
wandten sich nun die Blicke von der Leiche ab und
richteten sich auf die im Zimmer befindlichen Gegen=
stände. Wie erstaunte aber Greda Koler, als sie her=
beigerufen, und ihr der auf sie bezügliche Abschnitt im
Testament vorgelesen wurde! Sie konnte es zuerst
gar nicht glauben, daß ihr so viel zufallen solle, und

so liebe Angedenken; dann fiel sie ganz betroffen neben ihrem toten Herrn auf die Kniee und bedeckte sein kaltes Angesicht mit ihren Küssen und Thränen. Heulend rief sie einmal über das andere aus: „Nein, das hätte ich nicht geglaubt, daß Ihr, mein lieber, guter Herr, mich so reichlich beschenken würdet; ach, wie habe ich Euch doch Unrecht gethan, daß ich je an Eurer Liebe und Freigebigkeit gezweifelt habe! O, gewiß! Ihr habt mich, Eure geringe Magd, doch noch ein wenig lieb gehabt, daß Ihr mir den Ring, den Ihr immer getragen, vermacht habt; welche Ehre! o, wie mich das freut! Ach, daß ich gestern so auf= geregt sein und wüst thun konnte! O, könnt Ihr mir das verzeihen, gnädiger Herr? Ach, wenn ich nur ein Zeichen von Euch empfangen könnte, daß Ihr mir nichts nachtraget! O Gott, verzeihe mir meine Sünde! Heilige Mutter Gottes, bitt' für mich, arme Sünderin, und meinem lieben abgeschiedenen Herrn verschaffe du, Königin des Himmels, die ewige Ruhe und Seligkeit, wie er es verdient hat! Amen." Und noch einmal küßte und streichelte sie die blassen Wangen ihres so friedlich daliegenden Herrn.

Innerlich zermalmt erzählte nun Jungfer Greda offenherzig, wie unfreundlich sie am verflossenen Abend ihren seligen Herrn, als dieser spät heim= gekommen, empfangen, und wie sie die Klosterfrauen von Kappelen verdächtigt und gelästert habe, wie dann ihr lieber Herr, ohne viel zu sagen und ohne zu Nacht zu speisen, in sein Zimmer gegangen sei und von da an sich nicht mehr habe hören lassen. Sie fügte bei, sie sehe jetzt wohl ein, wie sehr sie sich damit gegen ihn versündigt; vielleicht habe sie ihm mit diesem heftigen Auftritt den Schlagfluß verursacht und so sein Leben verkürzt, und sei darum bereit, zur Strafe dafür auf einen Teil ihres Erbes zu verzichten, wenn ihr nur ihre große Sünde vergeben werde. Am Ende gehe sie noch in ein Kloster, um ihr Vergehen abzubüßen!

Bei diesen Worten trat Schwester Agnes von Seedorf, die Nichte des verstorbenen Kirchherrn, auf sie zu und sie bei der Hand fassend, redete sie der treuen und aufrichtigen Haushälterin gar tröstlich zu: „Was Ihr auch gestern gefehlt haben möget, liebe Grede, so habt Ihr es nun mit Eurer herzlichen Reue und dem offenen Bekenntnis, das wir soeben von Euch vernommen haben, gebüßt, und, was an mir und den übrigen Verwandten des Kirchherrn, soll Eure Verfehlung Euch gern vergeben sein! Was Euer verstorbener Herr, dem Ihr immer eifrig und treu und ohne Falsch gedient habt, wie ich wohl weiß, Euch freundlichst vermacht hat, das soll Euch ungeschmälert zukommen, und das nehmt als immerwährendes An=

gedenken an ihn und als Belohnung für Euern treuen
Dienst nur ohne Bedenken an! Da nehmt vorläufig
den goldenen Ring von seiner Hand!" Sie löste den
Fingerring von der Linken des Verstorbenen und steckte
ihn an den nicht viel kleinern Goldfinger Gredas
und fuhr dann fort: „Wenn Ihr mich überlebet, so
sollt Ihr auch von mir einiges erben und wenigstens
noch eine oder zwei Bettstatten samt einem Teil
meiner Kleider dazu bekommen. Seht übrigens hier
das Testament des guten Oheims; das muß er allem
Anschein nach vor seinem Schlagfluß noch in den
Händen gehabt haben, und bei Eurem Namen ist
nichts, gar kein Wort geändert worden! So hat er
Euch also nichts nachgetragen und ist ganz versöhnt
gestorben."

„So, so? Hat mein guter Herr im Testament
wirklich nichts geändert oder durchgestrichen wegen
mir? O, das ist doch herrlich, Gott sei Dank!"
Greda Koler fühlte sich bedeutend erleichtert und
wurde ganz still.

* * *

Wernher Stettler hatte nach den damaligen ka=
tholischen Anschauungen für das Heil seiner Seele,
wie auch für die Erhaltung seines Andenkens auf
Erden gut gesorgt. Er hatte nämlich, wie oben an=

gebeutet, dem Predigerkloster zu Bern zu einer sog. Jahrzeitstiftung oder ewigen Messe für sich die bedeutende Summe von sechshundert Gulden geschenkt, welche teils auf seinem Silbergeschirr und seinen Büchern, teils von seinem Wohnhaus auf der Fluh, ferner einem Gut zu Mühlheim (jetzt Mülchi, Kirchgemeinde Messen) und seinem Garten zu Bern an der Ringmauer beim Marzili erhoben werden sollten. Als Haupterben scheinen die Konventualen des Prediger-Ordens auch mit der Vollstreckung seines Testaments beauftragt worden zu sein. Am 5. Dezember 1389 übergaben sie und Agnes von Seedorf, diese mit Handen ihres Vogts, Petermann von Krauchthal, den Klosterfrauen von Kappelen das denselben vergabete Gut des Herrn Wernher zu Niederwangen, welches derselbe von dem von Blankenburg gekauft hatte, und Agnes von Seedorf versprach überdies, den Klosterfrauen von diesem Gute, dessen Benutzung ihr als Leibgeding zugesichert worden war, als Anerkennungsgebühr jährlich eine Maß Wein auszurichten, bis es mit ihrem Tode dem Kloster zufalle. Ein Verwandter der Agnes, Kuno von Seedorf, besiegelte als Prior des Predigerordens zugleich mit Herrn Petermann von Krauchthal diese Urkunde.

Agnes von Seedorf sollte auch die dem Predigerkloster von ihrem Oheim vergabeten Güter als Leibgebing nutzen können. Die Predigermönche, die damals kaum ihren notdürftigsten Unterhalt bestreiten konnten, scheinen nun dieser Testamentsklausel nicht ganz nachgekommen zu sein, denn a. 1393 traten des verstorbenen Donators Verwandte, Burkard und Niklaus Stettler, klagend vor dem Rate auf, weil die Dominikaner das im Vertrag bezeichnete Beding nicht hielten. Sie wurden wie recht und billig zur bessern Nachachtung jenes Testamentes angehalten. Daß sie alljährlich auf den festgesetzten Termin des Donators Jahrzeit hielten und für seine baldige Erlösung aus den Qualen des Fegfeuers beteten, wollen wir nicht bezweifeln.

In der bernischen Reformation a. 1528 wurde mit den Seelenmessen auch das anrüchig gewordene Dominikanerkloster aufgehoben. Daß der Kirchherr Wernher Stettler damit an seinem Seelenheil eine Einbuße erlitten habe, werden wir als Protestanten nicht glauben, wohl aber hätte sein Name in der Welt in Vergessenheit geraten können, wenn er nicht in so zahlreichen Urkunden aufbewahrt worden wäre. Ihn aus diesem mit Staub bedeckten Grabe, an das nur einige Notizen und kurze Artikel in historischen Schriften die Geschichtsfreunde erinnert haben, auch für ein weiteres Publikum, nach seiner ganzen uns kundgegebenen Wirksamkeit nach Jahrhunderten wieder hervorzuziehen, war neben andern ein Zweck dieſer Schrift. Da dieſer Prieſter und Juriſt nicht nur mit ſeinen reichen Vermächtniſſen viel Gutes geſtiftet, ſondern auch mit ſeinen mannigfaltigen Kenntniſſen in einem längern Leben ſeinen Zeitgenoſſen nach beſtem Wiſſen und Gewiſſen treulich gedient hat, ſo hat er es wohl verdient, daß ſein Andenken auch noch heute und fernerhin in ſeinem Vaterlande im Segen bleibe.

Kapitel VI.
Fernere Schicksale des Klosters zu Kappelen im Forst.

> Das Alte stürzt, es ändern sich die Zeiten,
> Und neues Leben blüht aus den Ruinen.
> (Schiller).

Nach dem Tode Wernher Stettlers unterhielten auch dessen Verwandte noch längere Zeit freundliche Beziehungen mit dem Frauenkloster in Kappelen. Der Nichte Wernhers, Agnes von See=dorf, folgten noch einige Jungfrauen dieses Geschlechts in dieses Gotteshaus. In Urkunden aus den Jahren 1400 und 1408 wird eine Abelheid von See=dorf als Klosterfrau zu Kappelen namhaft gemacht. Durch jene, welche von Hans von Muhleren und Heinrich von Ringoltingen, genannt Zigerli, besiegelt wurde, erhielt diese Abelheid von Cuno von See=dorf, wahrscheinlich ihrem Vater, und dessen Tochter, Jungfer Verena, das Zehnbli in der Ebersche und einen Teil des Guts zu Ried bei dem Königsberg u. a. m. Laut der spätern Urkunde wurde ihr und

ihrer Schwester Margarita, des Peter Sleif von Bern
Ehefrau, von dem Johanniter=Bruder Ludwig von
Lindnach zu Buchsee um 47½ Pfund Pfennig Bern=
münze ein Leibgeding verkauft, das in der Hälfte des
Zehntens zu Mühlenberg bestand. Nach einem ur=
sprünglichen Vorbehalt sollte aber diese Zehntens=
hälfte nach dem Ableben Ludwigs von Lindnach den
Klosterfrauen zu Kappelen zufallen.

Sechs Jahre später verkaufte Frau Klara, Witwe
Ulrichs von Murzenden, wahrscheinlich unseres Wern=
hers sel. Schwester, mit Handen ihres Oheims und
Vogts, Niklaus Stettler von Bern, den Kappeler
Schwestern drei Schupposen zu Rütti, Parochie Höch=
stetten, um 33 Pfund Steblerpfennig von Bern. Zwei
Jahre vorher, im November 1408, hatte das Kloster
von Agnes ob dem Weg und deren Söhnen Clowin
und Hänsli mit Vogtshanden deren Gut, genannt
„ob dem Weg", von zirka 10 Jucharten, unter der
Klosterfrauen Gut gelegen, um 9 Pfund Bernmünze
gekauft.

In den nächsten Jahrzehnten, bis in die zweite
Hälfte des Jahrhunderts, erwarb das Kloster nur
noch einige wenige Liegenschaften und Rechtsame auf
Grundstücken; auch die Vergabungen wurden immer
seltener. Offenbar hatte die Wertschätzung der Klöster
und kirchlichen Stiftungen abgenommen und ein freierer,

vielleicht auch weltlicherer Geist fing im Lande an zu wehen.

Zuletzt vermachten noch zwei alte Dienstleute des Klosters, Hänsli Brämen und seine Ehefrau Anna, demselben den 2. März 1480 all ihr Vermögen, nämlich 2 Schupposen zu Kallnach, 6 Rinder, 3 Kälber und 1 Roß; da sie alles im Dienst des Klosters erworben und es daher nicht billig wäre, wenn es diesem entfremdet würde. So eine ganz uneigennützige Schenkung war das freilich nicht, sondern eher eine Lebensversicherung zu nennen, denn unter dem gleichen Datum stellten die Klosterfrauen mit Handen ihres Vogts, Rudolf von Erlach, Schultheiß von Bern, einen Revers aus, wodurch den erwähnten Eheleuten wegen ihrer langjährigen treuen Dienste eine lebenslängliche Pfründe im Kloster zugesichert wurde. Als letzte urkundlich bekannte Verhandlung unseres Klosters kam ein Kauf vor, und zwar vom Quart des Zehntens in der Wohley, den Frau Ursula, Wittwe Herrn Jakobs von Stein, dem Frauenkloster von Kappelen um 39 Gulden Bernmünz verkaufte; Kaufbrief vom Dienstag nach Weihnachten.

Die Angelegenheit wegen streitiger Zehnten, welche die Deutschordens-Herren von Köniz für sich in Anspruch nahmen, wurde im Jahre 1410 durch einen schiedsrichterlichen Spruch Hermanns von Bubenberg,

Propst des Stifts zu Solothurn, und Meisters Stephan Wattrin, Burger von Biel, zu Gunsten des Frauenklosters beigelegt, jedoch nur mit der Erklärung, daß von Neubrüchen auf jenen Gütern kein Zehnten zu entrichten sei. So dauerte die im Princip nicht entschiedene Streitigkeit wieder fort und wurde endlich vor den Rat zu Bern gezogen. Von diesem wurden unterm 5. Juli 1441 die streitigen Zehnten nun wegen besserer Kundschaft des Deutschordens-Hauses ausdrücklich diesem zugesprochen, den Klosterfrauen dagegen gestattet, daß sie von den neuen selbstgemachten Aufbrüchen, so lange sie selbige behalten und bauen, keinen Zehnten zu entrichten haben sollen. In der Urkunde von diesem nicht unwichtigen Spruch sind uns die Namen aller Mitglieder des Rats angegeben; es waren: Ulrich von Erlach, der Ältere, Edelknecht (wahrscheinlich der Schultheiß), Hetzel von Lindnach, Peter von Hürenberg, Hans Gruber, Burkard Torma (Thormann), Peter Hechler, Bernhard Wentschatz, Hans von Kiental, Peter Brüggler, Peter Irremey, Peter von Grüyers, Peter im Hag, Peter Gießer, Kilian Hofer, Hans Mattstetter, Peter Subinger, Ruff Schindler und Ruff Glugki.

Im entgegengesetzten Sinn hatte das Gericht a. 1414 entschieden, als das Kloster wegen des Zehntens von neuen Aufbrüchen zu Jaggisbach sein vermeintliches Recht gegen Kuno von Ey verteidigte; nämlich, daß der Zehnten von neuen Aufbrüchen auch entrichtet werden solle. Mochte es auf diese Änderung in der Anschauung des Rats etwa Einfluß haben, daß anstatt des Schultheißen Peter von Krauchthal der Weibel Joh. Dietschi diese Sitzung präsidierte? oder konnte dieser Kuno von Ey beglaubigtere Rechte vorweisen, als die deutschen Herren von Köniz? Wiederum in Zehnt-Angelegenheiten erhielt unser Kloster a. 1447 Streit mit dem Frauenkloster von Fraubrunnen, wobei es seine Forderung durchsetzen konnte.

Anno 1451 entspann sich ein Streit zwischen den Klöstern Frauenkappelen und Gottstatt wegen eines Gutes in der Dorfmarche Saffneren, Bußwylers- und Blunschlisgut genannt, das von Burkard Stenten sel. und seiner Schwester Adelheid Blunschli dem Kappelenkloster vergabt, und wovon der unbestimmte Zins vom Kloster Gottstatt bezogen worden war. Der Vergabungsbrief wurde den 24. Mai von dem Gericht von Nydau bestätigt und durch einen schiedsrichterlichen Spruch (vom gleichen Tag) des Burgermeisters und der Räte der Stadt Nydau erkannt, daß Gottstatt im Besitz dieses Guts bleiben, aber dem Frauenkloster zu Kappelen dafür alljährlich 5 Mütt Dinkel und 4 Mütt Haber und für die verflossenen 17 Jahre 23 Pfund Steblerpfennig ausrichten solle.

Einen interessanten und lehrreichen Einblick in die noch in die Gegenwart hinabreichenden Klostergebräuche und in den Gerechtigkeitssinn des damaligen bernischen Rats gewährt uns eine Erbschaftsstreitigkeit zwischen den Klosterfrauen von Kappelen und den drei Geschwistern einer verstorbenen Klosterschwester, Margaretha Bischof, indem diese als gesetzliche Erben deren Nachlaß beanspruchten, während der Klosterkonvent, auf alte Übung und die Ordensfreiheiten gestützt, behauptete, daß der gemeine Konvent von jeher alle Mitklosterfrauen beerbt habe und dabei bleiben wolle. Der Rat sprach nun dem Kloster die von der Verstorbenen bei ihrem Eintritt dem Kloster eingebrachten 2 Zehnten und allen ihren bei dem Absterben bei sich gehabten Hausrat, sowie eine ererbte Dinkelgült von 2 Mütt zu, den übrigen Nachlaß dagegen den reklamierenden Geschwistern.

A. 1480 den 19. Januar erkannte der Schultheiß und Rat der Stadt Bern, daß in Zukunft niemand auf Güter des Gotteshauses zu Kappelen, von denen diesem die Leheneigenschaft gehöre, einiges „Seelgräth" oder Überzins auflegen solle. Es ist zu vermuten, daß die Klosterfrauen sich beim Rat über allzu häufige und dabei schlecht dotierte Belastung mit Seelenmessen beklagt hatten; wahrscheinlich hatte auch die Zahl der Schwestern abgenommen, und für einige wenige mochte es allerdings eine schwere Last werden, der sich stets erweiternden Pflicht, Seelenmessen zu lesen, getreulich nachzukommen, zumal, wenn damit noch, wie das hin und wieder stipuliert wurde, das Begehen der Gräber mit brennenden Kerzen verbunden war. Die Obrigkeit nahm sich der bedrängten Schwestern an; damit sank aber auch das Kloster in der Wertschätzung von seiten des Publikums, das von den Seelenmessen nicht lassen wollte.

Als Meisterinnen des Klosters werden in diesem Jahrhundert genannt: a. 1414 Agnes Kürsener und a. 1420 Frau Margarita von Waldenburg. Aus dem gleichen Zeitraum finden wir in den Klosterregesten folgende Namen von Kuratoren: a. 1410 Simon Friburger; a. 1421 Hans von Stein; 1451 Ulrich von Erlach, der Jüngere, und a. 1473 Benedikt von Krumm; und als letzten a. 1480 Rudolf von Erlach, Schultheiß.

Nachdem in den Achtzigerjahren des XV. Jahrhunderts aus verschiedenen Gründen mehrere kleinere und größere geistliche Stiftungen, so zu Amsoldingen, Rüeggisberg, auf der St. Petersinsel und zu Därstetten, dem neu errichteten Chorherrenstift in der Stadt einverleibt worden waren, kam endlich die

Reihe hiefür auch an unser Frauenkloster zu Kappelen. Im Jahr 1484 wurde es mit Einwilligung des Papstes von der bernischen Regierung aufgehoben, und das Vermögen dem neuen Stift übergeben. Vom Jahr 1487 datiert sich noch ein Zeuge verschwundener Klosterherrlichkeit, ein ziemlich umfangreicher Zinsen- und Gültenrodel, auf welchem die Bemerkung steht: „in die Schaffnerei zu Solothurn dienend". Ein Grund für diese Aufhebung wird nicht angegeben. Besondere Unordnung oder skandalöse Geschichten, wie sie im Kloster Fraubrunnen vorkamen, dessen Äbtissin mit einem Kind niederkam, und wie sie in dieser Zeit die Aufhebung des Frauenklosters zu Interlaken herbeiführten, sind vom Frauenkloster zu Kappelen nicht bekannt, werden auch durch nichts angedeutet. Das nie so große Frauenklösterlein war eben abgestanden, und die Reglierung der Klosterangelegenheiten war damals herrschende Maxime des centralisierenden und auch Sittenzucht übenden Rats geworden.*) Ebenso mochte es ihm angezeigt scheinen, auf diese Weise den ihm lästigen, beständigen Rechtshändeln des Klosters ein Ende zu machen.

Vom evangelischen Standpunkt können wir das Aussterben und die Aufhebung der Klöster nicht be-

---

*) Vgl. Emil Blösch: Die Vorreformation in Bern, im Jahrbuch für schweizerische Geschichte; Bd. IX, bes. pag. 83.

klagen. Hatten dieselben auch im frühen Mittelalter als Herde und Horte christlichen Lebens und der Kunst und Wissenschaft eine große Aufgabe zu erfüllen und sich um die Christianisierung und Erziehung des rohen und vielfach noch heidnisch gesinnten Volkes, wie auch um die Kultur des Bodens vielfach große Verdienste erworben, so waren nun am Ende des XV. und erst noch im XVI. Jahrhundert Menschen und Zustände andere geworden, und erst noch die sittliche Ausartung des Klosterlebens nötigte die Obrigkeiten zu energischem Einschreiten, wobei es freilich nicht ohne Willkürlichkeiten abging. Die Güter, welche die Klöster in reichem Maße erhalten und angesammelt hatten, wurden in unserm Kanton bei der Reformation hauptsächlich zur Bildung des Kirchenguts und eines Erziehungs- und Stipendienfonds verwendet und dienen in dieser Form noch besser dem Wohl des Volks, aus dessen Händen sie geflossen sind.

Was übrigens die Klöster und geistlichen Stifte des Mittelalters im Grunde erstrebten, die Unterstützung der offiziellen Kirche in Beziehung auf Pflege und Förderung des kirchlich-religiösen Lebens und der Jugenderziehung, wie auch in der Übung der Barmherzigkeit, das wird überdies heutzutage in evangelischen Ländern durch eine stets noch anwachsende Zahl von freiwilligen christlichen Vereinen und Anstalten ohne Ordenszwang in evangelischem Geist und meistens auch mit regem Eifer betrieben. Gerade in der Nähe von Frauenkappelen, in den Gemeinden Bümpliz, Köniz und in der Hauptstadt, ist ein schöner Kranz mannigfaltiger Erziehungs-, Rettungs- und Heilanstalten, in denen neben dem Beten auch das Arbeiten vollständig zu seinem Rechte kommt, aufgeblüht. Diese Anstalten und Werke christlicher Liebe und Barmherzigkeit sind freilich der menschlichen Schwachheit und Sünde auch nicht ganz verschlossen, haben aber doch in dem Wort Gottes, auf dessen festen Grund sie erbaut worden sind, und das in ihnen regieren soll, jederzeit das bewährte Zucht- und Heilmittel wider alle heimlichen und offenen Schäden und Auswüchse. Mögen sie nur dieses lebendige und heilsame Wort immerdar treu bewahren und fleißig treiben und ferner nie aufhören, den wahren Glaubensgeist in hingebender, geduldiger Liebe und in ernster christlicher Zucht zu bewähren, so werden sie als grüne, fruchtbare Bäume auch stets unserm Volk zum wahren Heil dienen! Dann werden sich diese Anstalten auch nicht eher überleben, als bis der Herr bei der Vollendung seines Friedensreiches alle Gebrechen und Schäden von den Erlöseten wegnehmen, und der große Sabbath anfangen wird, wo die Erde voll ist von Erkenntnis des Herrn, eine

Wohnstätte der Gerechtigkeit. Diesem herrlichen Ziele gehen wir entgegen.

Alles Fleisch ist wie Gras, und alle Herrlichkeit des Menschen wie des Grases Blume. Das Gras ist verdorret, und die Blume abgefallen; aber des Herrn Wort bleibet in Ewigkeit. 1 Petr. I, 24. 25.